Lectio Divina で味わう 主日の福音

レクティオ　ディヴィナ

A年：2010年待降節 ～ 2011年王であるキリストの祭日

JN078973

 日本聖書協会

Lectio Divinaで味わう主日の福音・A年
2010年11月1日発行
ISBN978-4-8202-9223-4

本書は、シノドス第12回通常総会「教会生活と宣教における神のことば」に貢献するために
モンセニョール・アンソニー・アベラ師によって書かれ、聖書協会世界連盟が製作したものです。

印刷・製本：三永印刷株式会社
発　　　行：財団法人 日本聖書協会　東京都中央区銀座四丁目 5-1
限定 1,500 部

Lectio Divina で味わう主日の福音・A年
巻頭言

カトリック大阪大司教　池長 潤

　聖書という書物は、天地万物をお造りになった神ご自身の人々に対する贈り物です。人に贈り物をする場合、相手を本心から大切にしていれば、その人にとって非常に喜ばしくよい物を贈ります。神は人を無限に愛されていますので、とてもすばらしいものを与えようとされます。その証拠に、おん父は、人類にご自分のおん子を贈られました。従って聖書も、人々に対する神の贈り物だと言えるのです。聖書が人々のためにどれほど価値あるかけがえのない贈り物であるかは十二分に察しがつくわけです。

　聖書が神からの贈り物であることを教会は誰よりも知っています。神から与えられた権威によって、神からの啓示の書物と、そうでない書物とを選び分け、聖書がどの書物から成り立っているかを確定したのも教会でした。聖書が私たちに対する神からの啓示であるならば、私たちは神から自分に与えられた神の語りかけられる言葉として、この書物を受けとらなければなりません。聖書がみ言葉と言われる由縁です。

　私たちが、どれほど聖書に親しみ、その教えに深く触れ、自分の心に聖書を通して神の教えや諭しや語りかけをしっかり受けとめる必要があるか、気づくことの大切さの理由がここにひそんでいるのです。

　さて、レクティオ・ディヴィナというのは、ラテン語でLectio Divinaと書きます。この言葉が生まれたのは、ローマの迫害が終わるより前のことでした。それから世界に広がる教会の中で、ずっと聖書を深く読む実践とその方法を指してこの言葉が使われ、聖書深読の習慣を信仰の世界の中で広めてゆく大きな役割を果たしてきたのです。

　聖書は読むだけの書物ではなく、心で聞く書物でもあります。生きた神ご自身から、今読んでいる事柄の意味内容を聞かせて頂くのです。従って、読むと同時に、そこに現存して私たちに教えようとしていらっしゃる神からじかに読んでいる事柄の意味を教えて頂かなければ、そこに記されている出来事や文章や言葉は啓示とはなりません。ユダヤ人ヨシュア・ヘッセルは、「人が神に質問を投げかけるよりも、人が神のことばを聞きとる態度がLectio Divinaの中心である」と言っていますが、示唆に富んだ言葉です。だから聖書は「読み」・「黙想し」・「祈り」・「観想して」、はじめて本来の目的を果たすことになるのです。Lectio Divina すなわち神的な読書と言われてきた通りです。

　日本聖書協会がこうして日本語に翻訳し、皆様のもとに送って下さる「Lectio Divina で味わう主日の福音」が、皆様が直接、福音書において神の啓示に触れる縁となるよう祈ります。

Lectio Divina で味わう主日の福音
A年
2010 待降節― 2011 王であるキリストの祭日

　この週毎のガイドは、「レクティオ・ディヴィナ」という方法で主日の福音を味わうためのものです。「レクティオ・ディヴィナ」とは教皇ヨハネ・パウロ2世とベネディクト16世から推奨された、聖書へのダイナミックで生活に根ざしたアプローチです。それは、聖書を誠実に、丁寧に読み、真実を得るための枠組みを提供します。

　「レクティオ・ディヴィナ」はすべてのキリスト者に聖書の豊かな真実を開く、教会全体に与えられた恵みです。この方法によって、信者は聖書を読み、理解し、認識を深めて、主イエスの教えのうちに歩む自らの生活の道案内を見出すように招かれています。

　私たちの本当の目標は、主のみことばを読むことによって主に出会い、聖霊の働きを通して私たちの命が主ご自身に似たものに変えられていくことです。

　神のみことばに出会うために、あなたに必要なすべての情報はこの本に含まれています。これらのガイドは、個人としても、またはグループでも使うことができるでしょう。

　以下、「レクティオ・ディヴィナ」の4つのステップを紹介すると共に、グループでこのガイドを使う際のいくつかのヒントを付記します。

レクティオ・ディヴィナについて

歴史：
　「レクティオ・ディヴィナ」の起源は、紀元300年ごろの初代教父たちの時代にまでさかのぼります。4つのステップについての最初の記述は1173年、カルトゥジオ会修道士グイゴによって書かれています。Lectio（読む）、Meditatio（黙想する）、Oratio（祈る）そして Contemplatio（観想する）というこれらのス

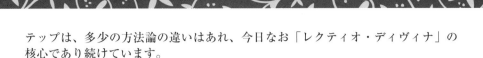

テップは、多少の方法論の違いはあれ、今日なお「レクティオ・ディヴィナ」の核心であり続けています。

概観：
　「レクティオ・ディヴィナ」は聖書に基づく黙想と祈りによって、主に出会うためのシンプルな方法です。これは学習のためのものではありません。背景的な知識は、理解の助けではあっても、不可欠なものではありません。グループで使う場合には枠組みが必要ですが、個人的に行う場合には必ずしもそれぞれのステップが厳密に踏まえられる必要はありません。私たちの目的はそれぞれのステップを終了していくことではなく、それを通して神に出会うことです。ですから主が私たちに何かを示そうとしていると感じるなら、そこで立ち止まり、待つべきです。私たちはいつでも別の機会にそのステップに戻ることができます。神が私たちに語ろうとすることを逃さないようにしましょう。

LECTIO …読む

　聖書のみことばを謙虚に、祈りのうちに読むことは、その後に続くほかのステップにとっても基礎となるものですから、決して急いではなりません。祈りで始め、聖霊が「あなたがたを導いて真理をことごとく悟らせ（ヨハネ16章13節）」てくださるように願いましょう。
　みことばはゆっくり、注意深く読みましょう。Lectio のコメントや、その日のほかのステップを読む誘惑に負けないようにしましょう。ノートと鉛筆を準備しておきましょう。特に目に留まったことばや文章にはすべて、アンダーラインを引いたり、メモを取ったりしましょう。頭に浮かんだすべての疑問を書き留めましょう。文章を何度か読み返し、また声に出して読んだりしてみましょう。書かれていることを理解し、味わうために十分な時間をとりましょう。それから Lectio のコメントを読み、コメントを読む前のあなたの考えと似ているか、違っているかをよく考えましょう。

MEDITATIO …黙想する

■ 黙想は私たちのみことばについての理解を深め、その豊かさを見出すことを助けます。
■ Ⅱテモテ3章16節にはこう書かれています。
「聖書はすべて神の霊の導きの下に書かれ、人を教え、戒め、誤りを正し、義に導く訓練をするうえに有益です。」
■ そして神があなたに語りかけてくれることを待ち望む信仰の内に、聖書に近づきましょう。神はご自身の内にある何かをあなたに明らかにしてくださるかもしれません。また、あなたの改めるべき態度や行動を照らし出してくださるかもしれません。あなたを勇気づけ、力づけるという約束を示してくださるかもしれま

せん。

ここからは役に立つと思われるアプローチの提案です：

　あなたの想像力を働かせてください。文章を思い描いてください。その場面に入り込んで、物語の一員になってみてください。ほかの登場人物の目を通して物事を見、彼らの語ることを聞き、彼らの反応に目を向け、彼らの感じたことを想像してください。いつもイエスに戻るように心がけましょう。イエスを知るようになり、喜んでイエス自身に、イエスのことば、行動、応答の仕方、イエスに関するすべてのことに魅了されましょう。

　質問を持ちましょう。みことばと神があなたに語りたいことをより深く考えるために、あなた自身の質問と、与えられている質問とを使いましょう。なぜイエスはそのように行い、また話したのかをイエスに尋ねてみましょう。イエスの動機と意図を理解するよう努力しましょう。静かな時間を持ち、イエスの答えに耳を傾けましょう。

　みことばの鏡にあなたを映してみましょう。私たちが聖書を読むとき、それはキリスト者の生き方がどのようなものか、また私たちが改めるべきところはどこなのかを示してくれます。個人として、また共同体や社会の一員としての私たちの日々の生活に、神のみことばをどのように当てはめることができるのかわかります。私たちは約束や励まし、挑戦や要求を見出すでしょう。もし私たちが望むなら、神は私たちを完全な人間とし、完全に生きることができるように私たちを養い、また解放するでしょう。

ORATIO …祈る

　祈りは神と私たちとの会話を開きます。詩編を見ると、作者たちは感じたことを、しばしば希望と恐れとをないまぜにして神に注ぎ出しているのがわかるでしょう。神は私たちの誠実さに目を留められます。実のところ、私たちは神に何も隠すことはできません。答唱詩編の言葉を用いることも助けになりますが、特別な友と心からの会話を持つために、自分自身の言葉を用いることもできます。祈りを通して、私たちの人生をどう生きたらよいかを照らす神のみことばの光に応えるのです。私たち自身の生活や私たちの共同体の中で起こっていることを神のみ前に置くことができるでしょう。私たちは話して聞き、聞いてよく考えます。これが神との対話なのです。

CONTEMPLATIO …観想する

　福音朗読の理解を助けるために、典礼は更にふたつの聖書朗読を提供しています。それらを深めることは、福音の理解を助け、私たちが主にしなければならない答えを明確にするためのヒントにもなります。観想は私たちに神との交わりの親密な時間の機会を与えてくれます。神の前にとどまり、心に神を招き入れましょ

う。言葉はほとんど、あるいはまったく必要ありません。神の臨在の時を楽しみましょう。ただ神と共にいて、神に愛されるままになりましょう。神にあなたの魂を新たにしていただきましょう。

振り返り：
　読書、黙想、祈り、観想の時間を終えたら、あなたの経験や考え、また特に心に残ったことをノートに書き留めたいと思うかもしれません。それを後で読み返してみることは助けになるでしょう。

このガイドをグループで使うために

レクティオ・ディヴィナをグループで行うためには少し準備が必要です。

LECTIO…読む

　以下に紹介する方法をいくつか試してみてください。そのグループの中でどの方法が一番良いかを見極めましょう。

個人で読む
　はじめに、沈黙のうちに福音を各自で通して読む時間を持ちましょう。
朗読する
　1人が声に出してみことばを朗読します。これは典礼の中で伝統的な読み方です。
交替で読む
　2人が声に出して交替で朗読します。
1節ずつ読む
　この方法はすべての出席者が関わります。自分の持つ聖書から個々に朗読に招かれるので読書はより注意深く、ダイナミックになります。
録音を聞く
　もし録音された聖書があるなら、それを用いることもできます。強調される言葉が違うのに気づくかもしれません。
登場人物別に朗読する
　福音箇所をナレーターとイエス、その他の登場人物の3人でドラマのように読みます。これはもっともダイナミックで面白い方法です。その場面の登場人物それぞれが何を言っているのかを知るための助けになるでしょう。

MEDITATIO …黙想する

■ グループで行う場合には、すべての人が参加できるように時間をとること、主が語られたことを分かち合うことが大切です。主はみことばを通して語られる一方で、この兄弟姉妹を通しても語られます。ですから私たちは他の人の話を聞くとき、彼らを通して語られる主の声に心を開いていなければなりません。

■ グループのすべての人が、この分かち合いはお互いを高め、私たちの体験を豊かにするためである、と理解することが大切です。すべての人が分かち合われたことに同意する必要はありません。この時間が議論や口論の時間とならないように気をつけましょう。主は私たちを個々にご存知ですから、私たちの人生のこの特別な時点で個別に語りかけたいことをお持ちなのです。

■「どの言葉が心に留まったか」などの単純な質問からはじめ、書かれている質問を用いることもできるでしょう。質問の目的は、みことばがどのように心に響いたかを話したり、分かち合ったりしやすい状況を作ることです。グループが福音のテキストと神の語られることに集中している状態を保ちましょう。

ORATIO …祈る

神の前で各自が沈黙のうちに個人的な祈りをする時間を持つことを勧めます。また、参加者が順に声に出して自分の言葉で祈り、答唱の祈りを挟むのもよいでしょう。このステップの目的は、参加者それぞれが主に対して個別に応える手助けをすることです。

CONTEMPLATIO …観想する

観想はその本質から個々人でなされるものであり、沈黙が必要です。もし場所に余裕があるなら、参加者が自分の場所を持てるよう、自由に移動するよう提案することも助けになるでしょう。

準備していなさい

マタイによる福音書24章37～44節

³⁷「人の子が来るのは、ノアの時と同じだからである。³⁸ 洪水になる前は、ノアが箱舟に入るその日まで、人々は食べたり飲んだり、めとったり嫁いだりしていた。³⁹ そして、洪水が襲って来て一人残らずさらうまで、何も気がつかなかった。人の子が来る場合も、このようである。⁴⁰ そのとき、畑に二人の男がいれば、一人は連れて行かれ、もう一人は残される。⁴¹ 二人の女が臼をひいていれば、一人は連れて行かれ、もう一人は残される。⁴² だから、目を覚ましていなさい。いつの日、自分の主が帰って来られるのか、あなたがたには分からないからである。⁴³ このことをわきまえていなさい。家の主人は、泥棒が夜のいつごろやって来るかを知っていたら、目を覚ましていて、みすみす自分の家に押し入らせはしないだろう。⁴⁴ だから、あなたがたも用意していなさい。人の子は思いがけない時に来るからである。」

他の朗読：イザヤ 2:1～5　詩編 122:1, 2, 4～9　ローマ 13:11～14

 LECTIO…読む

　待降節第1主日は、イエスの誕生とその準備を示すばかりでなく、典礼暦の始まりでもあります。そして教会は、大きな目覚まし時計を鳴らすように、用意していなさい、この世のことに気を取られて、あなたの本当の目的から注意をそらしてしまわないように気をつけなさい、という喚起の言葉で年を明けることを選びました。

　この年、私たちが多くの朗読を聞くことになる福音書を書いたマタイは、終末に起こるであろう出来事を生き生きとした言葉と衝撃的な描写で表現します。

　よく知られているこの終末の教えの多くは、人々が苦しんでいる過酷な時期に与えられました。マタイ、マルコそしてルカという3人の共観福音書記者は、それぞれにこの種の教えを伝えています。私たちはまた、終末についての難解な預言書であるヨハネの黙示録において、もっと深く読むこともできます。

　今日の朗読箇所でイエスは、受難に向かってエルサレムに戻ろうとしていたときに何度も与えた警告を繰り返して説いています。彼は力強い描写を再び用いて、終末における予期せぬ出来事を表現します。

　イエスは終末の到来がいかに突然であるかを描写するために、3つの異なった表現を使います。それは人々が予想もしていないときに、なんの前ぶれもなくやってきて、

洪水が1人残らずさらうように、すべての人に及ぶのです。

　しかしながらここでイエスは、ダニエル書 (7章) において最初に使われ、イエスも用いたメシアを指す言葉—「人の子」によって集う、忠実な者たちについても言及しています。

 ## MEDITATIO …黙想する

　イエスの再臨はいつでも起こりうる、という教えに対し、あなたはどう感じるでしょうか。

　「何も気がつかなかった」という箇所を考えてみましょう。なぜ気づかなかったのでしょうか。これは今日の人々にも当てはまると思いますか。私たちはこの問いにどう応えることができるでしょうか。

　ノアの時に来た洪水と比べてみましょう。この出来事から私たちは何を学ぶことができますか。

　神は、外見的に同じように見える2人の人がいても、1人だけを連れて行く最終決断をします。この2人にはどんな違いがあるのでしょうか。

　ローマ13章11～14節のパウロの教えから、私たちは何を学ぶことができるでしょうか。

 ## ORATIO …祈る

　祈りの中で、あなたと主との関係について考えてみましょう。あなたはイエスの再臨への準備がどのくらいできているでしょうか。あなたが変えるべきことを示してくださるように、主に願いましょう。

　まだ神を知らない人々に、ご自身を示してくださるように主に祈りましょう。

 ## CONTEMPLATIO …観想する

　イザヤ2章1～5節の預言を読んでみましょう。これらの箇所についてしばらく黙想してみましょう。

　「主はわたしたちに道を示される。／わたしたちはその道を歩もう」(3節)

　「主の光を中を歩もう。」(5節)

　Ⅰテサロニケ5章23～24節の言葉についても考えてみましょう。

　「どうか、平和の神御自身が、あなたがたを全く聖なる者としてくださいますように。また、あなたがたの霊も魂も体も何一つ欠けたところのないものとして守り、わたしたちの主イエス・キリストの来られるとき、非のうちどころのないものとしてくださいますように。あなたがたをお招きになった方は、真実で、必ずそのとおりにしてくださいます。」

イエスのもとに来なさい

マタイによる福音書3章1〜12節

¹ そのころ、洗礼者ヨハネが現れて、ユダヤの荒れ野で宣べ伝え、² 「悔い改めよ。天の国は近づいた」と言った。³ これは預言者イザヤによってこう言われている人である。

「荒れ野で叫ぶ者の声がする。

『主の道を整え、

その道筋をまっすぐにせよ。』」

⁴ ヨハネは、らくだの毛衣を着、腰に革の帯を締め、いなごと野蜜を食べ物としていた。⁵ そこで、エルサレムとユダヤ全土から、また、ヨルダン川沿いの地方一帯から、人々がヨハネのもとに来て、⁶ 罪を告白し、ヨルダン川で彼から洗礼を受けた。

⁷ ヨハネは、ファリサイ派やサドカイ派の人々が大勢、洗礼を受けに来たのを見て、こう言った。「蝮の子らよ、差し迫った神の怒りを免れると、だれが教えたのか。⁸ 悔い改めにふさわしい実を結べ。⁹『我々の父はアブラハムだ』などと思ってもみるな。言っておくが、神はこんな石からでも、アブラハムの子たちを造り出すことがおできになる。¹⁰ 斧は既に木の根元に置かれている。良い実を結ばない木はみな、切り倒されて火に投げ込まれる。¹¹ わたしは、悔い改めに導くために、あなたたちに水で洗礼を授けているが、わたしの後から来る方は、わたしよりも優れておられる。わたしは、その履物をお脱がせする値打ちもない。その方は、聖霊と火であなたたちに洗礼をお授けになる。¹² そして、手に箕を持って、脱穀場を隅々まできれいにし、麦を集めて倉に入れ、殻を消えることのない火で焼き払われる。」

他の朗読：イザヤ 11:1〜10　詩編 72:1, 2, 7, 8, 12, 13, 17　ローマ 15:4〜9

 # LECTIO…読む

今日の福音書2節において、待降節の目的すべてが私たちに示されています。
「悔い改めよ。天の国（神の国のマタイにおける通常の表現）は近づいた」
洗礼者ヨハネのメッセージは先週の福音書の警告の教えを繰り返すものです。王の

帰りをしっかり準備していなさい、と。

　マタイは道、水、斧、そして火という4つの力強いイメージを用いています。それは私たちに神の国が救いと解放を与えるものであると同時に、裁きと分裂をもたらすものでもあることを思い出させてくれています。

　ここでマタイはすぐに、洗礼者ヨハネを読者に紹介し、ヨハネの存在意義を強調します。第一にマタイは、ヨハネが待望のメシアのために道を整えるよう遣わされたものであると言い表します。次に、ヨハネの服装を描写することによって、イスラエルの偉大な預言者のうちの1人であるエリヤと対比させます（列王記下1章8節）。ヨルダン川における人々への洗礼の意味も見過ごせません。千年も前、ヨシュアは約束の地を受け継ぐためにヨルダン川を通って、奇跡的に彼らの先祖を導いたのです。

　ヨハネの教えは核心に迫ります。人々はこぞって訪れ、悔い改めました。ファリサイ派とサドカイ派に対するヨハネの断固たる非難は、彼がうわべだけの悔い改めに興味がなかったことをはっきりと表しています。神は生き方を変えるような本当の悔い改めを求めているのです。そして、そのような悔い改めこそがメシアにもふさわしいものであり、アブラハムの子孫である、という彼らの精神的なよりどころに頼ることだけでは足りないのです。

　そしてヨハネは、どこで自身の使命が終わり、メシアへ引き継がれるかということを、最初から明確にしています。

 # MEDITATIO …黙想する

　ヨハネとイエスの使命の違いをあなたはどのように説明しますか。
　神の恵みは、あなたの人生のどのような側面に働いているでしょうか。
　キリスト者として、私たちが人生において求めるべき「良い実り」とは何でしょうか。

 # ORATIO …祈る

　ヨハネは悔い改めて、神に立ち返るようにと呼びかけました。神は今あなたに何を語っているでしょうか。

 # CONTEMPLATIO …観想する

　ヨハネはイエスへの道を整え、イエスへ向かうように人々に指し示しました。私たちも同じことをするように招かれています。イエスは、私たちを人間を獲る漁師にしてくれたのです。待降節の間、あなた自身と他の人々をメシアの役割に備えるために、どんな具体的なステップを踏むことができるでしょうか。

イエスへの信仰

マタイによる福音書11章2〜11節

² ヨハネは牢（ろう）の中で、キリストのなさったことを聞いた。そこで、自分の弟子たちを送って、³ 尋ねさせた。「来るべき方は、あなたでしょうか。それとも、ほかの方を待たなければなりませんか。」⁴ イエスはお答えになった。「行って、見聞きしていることをヨハネに伝えなさい。⁵ 目の見えない人は見え、足の不自由な人は歩き、重い皮膚病を患っている人は清くなり、耳の聞こえない人は聞こえ、死者は生き返り、貧しい人は福音を告げ知らされている。⁶ わたしにつまずかない人は幸いである。」⁷ ヨハネの弟子たちが帰ると、イエスは群衆にヨハネについて話し始められた。「あなたがたは、何を見に荒れ野へ行ったのか。風にそよぐ葦（あし）か。⁸ では、何を見に行ったのか。しなやかな服を着た人か。しなやかな服を着た人なら王宮にいる。⁹ では、何を見に行ったのか。預言者（よげんしゃ）か。そうだ。言っておく。預言者以上の者である。

¹⁰ 『見よ、わたしはあなたより先に使者を遣わし、

　あなたの前に道を準備させよう』

と書いてあるのは、この人のことだ。¹¹ はっきり言っておく。およそ女から生まれた者のうち、洗礼者ヨハネより偉大な者は現れなかった。しかし、天の国で最も小さな者でも、彼よりは偉大である。」

他の朗読：イザヤ 35:1〜6,10　詩編 146:6〜10　ヤコブ 5:7〜10

 LECTIO…読む

　今日の朗読箇所は、再び洗礼者ヨハネに焦点を当てます。しかし今回はメシアのための道を備えるという彼の役割にではなく、むしろイエスのメシアとしての使命の証しに焦点を当てています。

　洗礼者ヨハネは牢の中にいますが、イエスの行ったことについて既に聞き及んでいました。ヨハネは困惑します。イエスの行動が、メシアがもたらすであろうと自分が人々に告げていた斧、火、そして審判（先週のマタイ3章7〜12節の朗読箇所参照）と一致していないように思えたからです。ヨハネは間違っていたのでしょうか。「来るべき方」は誰か他の人だったのでしょうか。そこでヨハネは、イエスに直接尋ねるため、自分の弟子たちを何人か送ったのです。

　イエスは直接的な答えを与えず、ただヨハネに証拠を報告するように、と彼の弟子

たちに命じます。人々は癒やされ、耳の聞こえない人は聞こえ、福音は貧しい人々に告げ知らされていると。イエスこそメシアであり、旧約のイザヤのような預言者たちによって預言されていた天の国をもたらそうとしていることを、イエスはヨハネに分かって欲しいのです（イザヤ35章5、6節、61章1節参照）。

その後のヨハネの反応について、私たちには分かりません。しかし、イエスはヨハネの徳を賞賛し、ヨハネはマラキによって預言されたメシアのための道を準備するために遣わされた「使者」（マラキ3章1節）そのものであることを証明しています。

ヨハネの預言的な役割は、罪を責め、悔い改めを呼びかけることでした。そのメッセージは誰に対しても同じです。王にも、宗教指導者たちにも、普通の人々にも。そして彼は率直に意見を述べることを恐れませんでした。そのため、ヘロデ王が兄弟の妻と結婚したことを厳しく非難したことで牢に入れられ、最終的に命を失うことになるのです（マタイ14章3～12節）。

 # MEDITATIO …黙想する

イエスは、私たち自身にとってイエスが誰であるのかを理解して欲しいのです。あなたはイエスが誰であると思っているでしょうか、書き留めてみましょう。時がたつにつれて、イエスがあなたにご自身のことをもっと現してくださるなら、それを書き加えていきましょう。

イエスについて疑いを持たない人々が「幸いである」（6節）のはなぜだと思いますか。

イエスのしていることを理解できなかったとき、ヨハネはどのように行動したでしょうか。そのことと、イエスがヨハネに与えた答えから、私たちは何を学ぶことができるでしょうか。

ヨハネは風に飛ぶ草の葉のようにふらふらと意見を変えはしませんでした。あなたは冷たい非難の言葉やあざけりにあうとき、それに影響を受けるでしょうか。そして自分の信仰のためにしっかりと立つことができるでしょうか。

 # ORATIO …祈る

神は、癒しと助けと平和をもたらすために、歴史の中で、また個々人の生活の中でとりなしを続けてくださっています。神の善と誠実さを思い出すために、詩編146編を読みましょう。この詩編を使って、神に感謝と賛美をささげましょう。

祈りの内に神の前で待ちましょう。神は、神の助けを、今必要としている特定の人々のために祈るように、あなたに促すことでしょう。

 # CONTEMPLATIO …観想する

私たちは聖書の物語の中でしばしば、神がどのようにして人々の生活でとりなし、救し、癒し、そして導きを与えるかについて読むことができます。あなたの人生において、

神がどんな方法でとりなしてくださったかをしばらくの間思い出してみましょう。

天使のとりなし

マタイによる福音書1章18〜24節

¹⁸ イエス・キリストの誕生の次第は次のようであった。母マリアはヨセフと婚約していたが、二人が一緒になる前に、聖霊(せいれい)によって身ごもっていることが明らかになった。¹⁹ 夫ヨセフは正しい人であったので、マリアのことを表ざたにするのを望まず、ひそかに縁を切ろうと決心した。²⁰ このように考えていると、主(しゅ)の天使が夢に現れて言った。「ダビデの子ヨセフ、恐れず妻マリアを迎え入れなさい。マリアの胎の子は聖霊によって宿ったのである。²¹ マリアは男の子を産む。その子をイエスと名付けなさい。この子は自分の民を罪から救うからである。」²² このすべてのことが起こったのは、主が預言者(よげんしゃ)を通して言われていたことが実現するためであった。

²³ 「見よ、おとめが身ごもって男の子を産む。

　　その名はインマヌエルと呼ばれる。」

この名は、「神は我々と共におられる」という意味である。²⁴ ヨセフは眠りから覚めると、主の天使が命じたとおり、妻を迎え入れ・・・。

他の朗読：イザヤ 7:10〜14　詩編 24:1〜6, 7, 10　ローマ 1:1〜7

 # LECTIO …読む

　私たちは待降節の日々のうちにイエスの誕生へと導かれています。本日の福音の前の節（1〜17節）の中でマタイは、ユダヤ国家の父アブラハムの子ダビデ王の子孫であるイエスの家系について既に述べています。神はアブラハムに、彼の子孫を通して全人類を祝福すると約束されました（創世記12章2、3節）。

　ルカによる福音書1章26〜38節の中で告げられている、マリアと天使ガブリエルとの出会いはよく知られていますが、ここでは「聖霊によって身ごもっていることが明らかになった」とだけ書いています。

　マタイはそのかわりに、ヨセフの天使との出会いに焦点を当てています。ヨセフは婚約していました。しかし許嫁のマリアは、身ごもっている、とヨセフに告げます。ヨセフは自分が父親でないことが分かっているので、婚約を解消しようとします。当時のユダヤの社会において、婚約は既に法的に有効なものでした。それを解消する方法は、正式の離婚という行為以外になかったのです。

ヨセフはマリアを気にかけて、彼女が受ける不名誉を最小限にとどめるために、ひそかに縁を切ろうとしていました。このように考えているとき、主の天使が夢に出てきて、マリアと結婚することを恐れるな、と告げます。天使はガブリエルがマリアに告げていたことをヨセフにはっきりと証しします。つまり、マリアの胎の子は聖霊によって宿ったのであり、生まれるのは男の子で、その子をイエスと名づけなさい、と。

イエスは当時、男の子のありふれた名前でした。それはヘブライ語で「神はお救いになる」という意味です。このことは人々に、モーセの死後、イスラエルの民を荒野の流浪から救い出し、約束の地に導いた偉大な先祖、ヨシュア（この名前はイエスと同じ意味と言われている）を思い出させました。そして天使は、この「ヨシュア」が人々を物理的な流浪からのみならず「彼らの罪」から非常に特別な方法で救うということを付け加えています。

マタイはこれらの出来事を、イザヤ 7 章 14 節の中の、インマヌエル（「神は我々と共におられる」の意）を遣わすという神の約束の成就に直結するものと理解しています。そういうわけで、ヨセフとマリアの赤ちゃんは普通のありふれた名前だけではなく、彼以外には与えられないもう 1 つの非常に特別な名前を持っていたと言えます。

ヨセフは、ルカによる福音書の中のマリアのように、信じ、そして天使が彼に告げた通りに行動します。こうして彼らは結婚したのです。赤ちゃんが誕生した後、イエスと名前をつけたのはヨセフです。そうすることによって、自分をイエスの「法的な」父親であると認め、更にダビデ王の子孫としてこの赤ちゃんに王室の家系を与えたのです。

ヨセフは神の救いの計画の中で、マリアと共に自らの役割を忠実に果たします。イエスが地上で彼の使命を果たす前に、イエスが成長するための家庭を備えるよう助けたのです。

MEDITATIO …黙想する

ヨセフについて考えてみましょう。マリアが、神の子の母になるであろうと天使に告げられたことを話したとき、あるいは、聖霊の力によって身ごもっていると告げたとき、ヨセフはどのように感じたでしょうか。

神が望まれていることを理解したとき、それをすばやく行動しようとしたヨセフの意欲から、あなたはどんな教訓を得ることができるでしょうか。

イエスは人々を罪から救うためにやって来ました。このことはあなたにとって何を意味するでしょうか。

神は、不可能な状況を乗り切るために恵みと力を与えてくれます。どこで、いつ神はあなたを助けてくださったでしょうか。

ORATIO …祈る

詩編 24 編からの今日の節を繰り返し読みましょう。偉大なる王への賛美をもたらすためにこの箇所を用いましょう。

CONTEMPLATIO …観想する

　神は人々を救うためにメシアを遣わすことを約束されました。神の誠実さについて考えてみましょう。「神は我々と共におられる」という意味の「インマヌエル」として地上にやって来たイエスを驚きをもって迎えましょう。これはあなたにとって何を意味するでしょうか。

約束が実現した

ルカによる福音書2章15〜20節

¹⁵天使たちが離れて天に去ったとき、羊飼いたちは、「さあ、ベツレヘムへ行こう。主が知らせてくださったその出来事を見ようではないか」と話し合った。¹⁶そして急いで行って、マリアとヨセフ、また飼い葉桶に寝かせてある乳飲み子を探し当てた。¹⁷その光景を見て、羊飼いたちは、この幼子について天使が話してくれたことを人々に知らせた。¹⁸聞いた者は皆、羊飼いたちの話を不思議に思った。¹⁹しかし、マリアはこれらの出来事をすべて心に納めて、思い巡らしていた。²⁰羊飼いたちは、見聞きしたことがすべて天使の話したとおりだったので、神をあがめ、賛美しながら帰って行った。

他の朗読：イザヤ 62:11, 12　詩編 97:1, 6, 11, 12　テトス 3:4〜7

 # LECTIO…読む

今日、私たちは救い主の誕生を祝い、そしてもう1つ、天使の訪問を思い起こします。今回は羊飼いたちへの訪問です。物語の全容を知るために、ルカによる福音書2章の冒頭14節を見てみましょう。

これは何と素晴らしい出会いでしょう。寂しい丘の中腹にいる羊飼いたちは、突然現れた天使に語りかけられたことに、心底驚いたに違いありません。その天使に、更に天から多くの天使たちが加わるのです。

この人たちはユダヤの社会では底辺にいた人々でした。羊飼いたちは貧しい教育しか受けておらず、羊たちの群れとともに放浪する生活をしており、神殿での宗教的な行事のための時間も殆どありませんでした。しかし、数知れないユダヤ人たちが何世紀にもわたって祈り、そして聞くことを待ち望んでいた知らせ—メシアの到来—は、彼らに最初にもたらされたのです。

彼らはただ主の天使1人を見ただけでなく天使たちの大軍をも見たのです。そして「主の栄光が周りを照らした」のです。彼らが羊を置いて、この赤ちゃんを探しに町に行くのも無理はありません。天使が告げたとおり、飼い葉桶の中に生まれたばかりの赤ちゃんを見つけます。喜びと興奮に溢れて彼らは神を賛美し、そして人々に何が起きたかを話さずにはいられません。

羊飼いたちが話したことをどれだけの人々が信じたでしょうか。私たちには分かりません。ただマリアとヨセフは、9ヶ月前に起こった彼ら自身の天使との出会いを思い出したことでしょう。

MEDITATIO … 黙想する

　神はなぜ、このように社会の底辺にいた羊飼いたちを選んで、イエスの誕生の知らせを伝え、その大きな意味を示したのでしょうか。

　このように素朴な羊飼いたちからもたらされた、自分たちの生まれたばかりの赤ちゃんについての、天使からのこの知らせを、マリアとヨセフはどのように感じたと思いますか。

　マリアとヨセフは思い巡らし、羊飼いたちは大喜びし、天使たちは歌い、大衆は驚嘆しました。あなたは、今日どのようにこの出来事を受け取りますか。

　クリスマスをなぜ祝うのか、そしてどのように祝うかを尋ねられたとき、あなたはこの素晴らしい出来事を周りの人々にどのように伝えますか。

 ORATIO … 祈る

　天使たちは全ての人を、イエス誕生の喜びへ招いている、とルカは私たちに教えています。詩編97編は私たちを導いています。
　「主こそ王。
　全地よ、喜び踊れ。(1節)
　神に従う人よ、主にあって喜び祝え。
　聖なる御名に感謝をささげよ。」(12節)
　あなたの神への賛美を示すため、またイエスの誕生の素晴らしい知らせをあなたも聞いたことに感謝を捧げるために、これらの言葉を用いて祈りましょう。

 CONTEMPLATIO … 観想する

　今日、私たちの救い主の誕生を祝いながら、テトス3章4〜7節の御言葉を思い出してみましょう。「しかし、わたしたちの救い主である神の慈しみと、人間に対する愛とが現れたときに、神は、わたしたちが行った義の業によってではなく、御自分の憐れみによって、私たちを救ってくださいました。この救いは、聖霊によって新しく生まれさせ、新たに造りかえる洗いを通して実現したのです。神は、わたしたちの救い主イエス・キリストを通して、この聖霊をわたしたちに豊かに注いでくださいました。こうしてわたしたちは，キリストの恵みによって義とされ、希望どおり永遠の命を受け継ぐ者とされたのです。」

神の保護

マタイによる福音書2章13〜15、19〜23節

¹³占星術の学者たちが帰って行くと、主の天使が夢でヨセフに現れて言った。「起きて、子供とその母親を連れて、エジプトに逃げ、わたしが告げるまで、そこにとどまっていなさい。ヘロデが、この子を探し出して殺そうとしている。」¹⁴ヨセフは起きて、夜のうちに幼子とその母を連れてエジプトへ去り、¹⁵ヘロデが死ぬまでそこにいた。それは、「わたしは、エジプトからわたしの子を呼び出した」と、主が預言者を通して言われていたことが実現するためであった。

¹⁹ヘロデが死ぬと、主の天使がエジプトにいるヨセフに夢で現れて、²⁰言った。「起きて、子供とその母親を連れ、イスラエルの地に行きなさい。この子の命をねらっていた者どもは、死んでしまった。」²¹そこで、ヨセフは起きて、幼子とその母を連れて、イスラエルの地へ帰って来た。²²しかし、アルケラオが父ヘロデの跡を継いでユダヤを支配していると聞き、そこに行くことを恐れた。ところが、夢でお告げがあったので、ガリラヤ地方に引きこもり、²³ナザレという町に行って住んだ。「彼はナザレの人と呼ばれる」と、預言者たちを通して言われていたことが実現するためであった。

他の朗読：コヘレト 3:2〜6, 12〜14　詩編 128:1〜5　コロサイ 3:12〜21

 LECTIO …読む

　主の天使が夢の中でヨセフに話しかけたのは、東方の三博士の訪問がマリアとヨセフの記憶にまだ新しい時でした。今度は家族が危険にさらされているので国を離れるように警告します（東方の三博士の訪問については次の主日にもっと詳細に見ていきます）。

　ローマ人に代わって統治していたヘロデは、心配していました。ヘロデの支配は厳しく、彼の統治に対して少しでも反発の匂いがあれば、すぐに行動を起こしました。今回は若い王たち―即ち東方の三博士―によって伝えられた、生まれたばかりの子どもを殺そうと狙っています。

　神が聖なる家族のためにとりなしをします。彼らはエジプトへ逃げるのです。それは、数百キロもの旅です。家族はその夜急いで住んでいたところを離れ、エジプトでヘロ

デが死ぬまで静かに住むことになります。

　神はそれから再び天使を遣わして、ヨセフに故郷に戻るように伝えます。ヨセフは従い、直ちにパレスチナに向けて出発します。

　しかし、道すがらヨセフは、ヘロデの王国は分裂したが、ヘロデの更に残忍な息子たちの一人であるアルケラオが今やユダヤを支配していることを知ります。ヨセフは神経質になり、何をなすべきか不安でした。

　三度目の夢に助けられて、ヨセフはナザレの小さな町に行く決心をします。ナザレはガリラヤ北部の村で、ヘロデ・アンティパスによって支配されています。このヘロデ・アンティパスが後に洗礼者ヨハネの首をはねるのです。

　更に2つの預言が、ヨセフの神への従順によってなしとげられました。イエスはイスラエルの民と同様に、ホセア11章1節の「エジプトから彼を呼び出し、わが子とした。」という預言の通りに、エジプトでの流浪から呼び戻されました。マタイはまた、預言の重要性はイエスがナザレで育てられることにあると考えています。マタイの頭には、ナザレに音の似たヘブライ語の「ナジル（נזר）」について書かれた士師記13章5～7節やイザヤ11章1節があるのかも知れません。イザヤ11章1節では「枝」の意味でナジルと言う語が使われています。イザヤは、新しい枝は（ダビデの父）エッサイの根から成長するであろうと言っています。新しい始まりがダビデの王家から生じ、解放と救いをもたらすのです。イエスはこの解放と救いをご自分に従う人々に与え、また今も与え続けているのです。

 # MEDITATIO …黙想する

　マリアとヨセフはエジプトに着き、新しい家庭、仕事、収入を見つけるのに取りかかったとき、どのように感じたと思いますか。このことから何を学ぶことができますか。

　神は人類の歴史を決定づけるような特別な指示をヨセフに与えました。神は今日、どのような形で介在しているとあなたは感じるでしょうか。

　あなたが神の保護と導きを経験した時のことを考えてみましょう。

　あなた自身から出た良い思いつきと、あなたを導く神からの言葉を、あなたはどのように識別していますか。

 # ORATIO …祈る

　詩編128編は主を畏れ、主に従うように私たちに勧めています。この畏れは怯えることではなく、神の本質に対しての尊敬と畏怖です。神があなたを導くことができるように、あなたが神に対してしなくてはならない大小の決心をいくつか思い出してみましょう。神の語りかけに従って行動できるよう、聖霊に助けを願いましょう。

　もう少し時間を取って、今日はあなたの家族のために祈りましょう。

CONTEMPLATIO …観想する

　コロサイ 3 章 12〜21 節は「関わり」について述べています。最初に神との関わり、それから私たちの家族との関わり、そして他の人々との関わりについてです。少し時間を取って、これらの節について思いを巡らせ、そして神にこの言葉を通して語りかけてもらいましょう。

すべての人の王

マタイによる福音書2章1〜12節

¹ イエスは、ヘロデ王の時代にユダヤのベツレヘムでお生まれになった。そのとき、占星術の学者たちが東の方からエルサレムに来て、² 言った。「ユダヤ人の王としてお生まれになった方は、どこにおられますか。わたしたちは東方でその方の星を見たので、拝みに来たのです。」³ これを聞いて、ヘロデ王は不安を抱いた。エルサレムの人々も皆、同様であった。⁴ 王は民の祭司長たちや律法学者たちを皆集めて、メシアはどこに生まれることになっているのかと問いただした。⁵ 彼らは言った。「ユダヤのベツレヘムです。預言者がこう書いています。

⁶ 『ユダの地、ベツレヘムよ、

　　お前はユダの指導者たちの中で

　　決していちばん小さいものではない。

　　お前から指導者が現れ、

　　わたしの民イスラエルの牧者となるからである。』」

⁷ そこで、ヘロデは占星術の学者たちをひそかに呼び寄せ、星の現れた時期を確かめた。⁸ そして、「行って、その子のことを詳しく調べ、見つかったら知らせてくれ。わたしも行って拝もう」と言ってベツレヘムへ送り出した。⁹ 彼らが王の言葉を聞いて出かけると、東方で見た星が先立って進み、ついに幼子のいる場所の上に止まった。¹⁰ 学者たちはその星を見て喜びにあふれた。¹¹ 家に入ってみると、幼子は母マリアと共におられた。彼らはひれ伏して幼子を拝み、宝の箱を開けて、黄金、乳香、没薬を贈り物として献げた。¹² ところが、「ヘロデのところへ帰るな」と夢でお告げがあったので、別の道を通って自分たちの国へ帰って行った。

他の朗読：イザヤ 60:1〜6　詩編 72:1, 2, 7, 8, 10〜13　エフェソ 3:2, 3, 5, 6

 LECTIO…読む

　今日の福音はイエスとヘロデと「占星術の学者たち」（ギリシア語版の言い方によれば「東方の三博士」）に焦点を当てています。この学者たちが遠くの国からやって来たという事実は、イエスの誕生が世界的に広まったことの意味深さを示すもう1つの例です。東方の三博士は空に現れた新しい星に従い、イスラエルのユダヤ人にとって権力の

中心地であるエルサレムに到着しました。ここでは新しい王が見つけられず、彼らは落胆したに違いありません。

この新しい王について彼らが尋ねると、人々はうろたえます。ユダヤ人は皆、ヘロデは彼の統治に対するいかなる脅威にも容赦なく対処するだろうということを知っていたからです。

ヘロデもまた東方の三博士が探しているものについて心配しています。ヘロデは宗教的指導者たちから助言を得ます。聖書は、ダビデの故郷であるベツレヘムに生まれるであろう、ダビデ王の子孫である救世主を指し示していました（ミカ5章1節、サムエル下5章2節）。

ヘロデは、その脅威についてもっとよく知るために東方の三博士を秘かに招きます。そしてその幼い子どもを見つけたら彼に知らせるように伝えます。

東方の三博士が最後の旅に出発すると、〝星〟は再び彼らを導きます。彼らは喜びで満たされます。〝星〟は彼らをまっすぐイエスのところに導きます。そこで彼らはひざまずいてイエスを拝み、贈り物をささげます。

神はヘロデの本当の意図を知っているので、東方の三博士にヘロデのところには戻らないで他の道を通って故郷に帰るように告げます。

MEDITATIO …黙想する

あなたはどのようにイエスと出会いましたか。あなたをイエスに導いたものは何でしたか。神はあなたのために予期していなかった人々を遣わしましたか。

どんな意味でイエスはあなたの指導者であり導き手でしょうか。

イエスを賛美するための様々な方法について考えてみましょう。今日どのような「ささげもの」をあなたはできるでしょうか。

ORATIO …祈る

神は東方の三博士をイエスへ導くために、彼らの占星術を利用しました。神があなたをイエスに導いた方法と、神が今日まであなたの生活をどのように導いているかを振り返ってみましょう。それぞれのステップで神に感謝しましょう。1年後について神に尋ねてみましょう。神はあなたがどんな優先順位をつけることを望んでいるでしょうか。祈りの内に、神の前にあなたの計画と希望を並べてみましょう。神が喜ばれることを成すことができるよう、神に導きを願いましょう。

CONTEMPLATIO …観想する

イザヤ60章1〜6節とエフェソ3章2〜6節を通して、典礼は受肉の神秘について述べています。時間を割いてこれらの箇所を思い起こし、イエスをあらわしてくださるよう聖霊に願いましょう。

使命への聖別

マタイによる福音書3章13〜17節

¹³ そのとき、イエスが、ガリラヤからヨルダン川のヨハネのところへ来られた。彼から洗礼〔バプテスマ〕を受けるためである。¹⁴ ところが、ヨハネは、それを思いとどまらせようとして言った。「わたしこそ、あなたから洗礼を受けるべきなのに、あなたが、わたしのところへ来られたのですか。」¹⁵ しかし、イエスはお答えになった。「今は、止めないでほしい。正しいことをすべて行うのは、我々にふさわしいことです。」そこで、ヨハネはイエスの言われるとおりにした。¹⁶ イエスは洗礼を受けると、すぐ水の中から上がられた。そのとき、天がイエスに向かって開いた。イエスは、神の霊が鳩のように御自分の上に降って来るのを御覧になった。¹⁷ そのとき、「これはわたしの愛する子、わたしの心に適う者」と言う声が、天から聞こえた。

他の朗読：イザヤ 42:1〜4, 6, 7　詩編 29:1〜4, 9, 10　使徒 10:34〜38

 # LECTIO …読む

今日の福音書の朗読によると、イエスの使命はヨルダン川でヨハネから受けた洗礼で始まります。ヨハネは、罪を悔い改め、神に立ち返るしるしとして、この時期人々に洗礼を授けていました。

前の節（待降節第2主日、マタイ3章10〜12節）から、ヨハネは、メシアが天の国と、それに伴う審判をもたらすと確信していました。だから、悔い改めの必要は差し迫ったものだったと言えます。そしてメシアは水によってではなく、聖霊と火による異なった洗礼をもたらすとされていました。

そのためイエスがへりくだって水の洗礼を受けるために来られたとき、はじめヨハネは思いとどまらせようとします。ヨハネはイエスのメシアとしての役目を知っていたのです。「わたしは、その履物をお脱がせする値打ちもない」（3章11節）と言います。それでもイエスは、力と裁きの業を行うことなく、悔い改めのために前に進み出た人々皆と同列に身を置いたのです。

イエスはヨハネの反対を承知しています。しかし、このことが「すべて神が望まれていること」をなしとげるのだと強調します。この従順な行動を通して、イエスは残されたご自分の使命が何を優先しているのかを明らかにしているのです。つまり、物事を自分自身のやり方ではなく、神のやり方で行うということです。

イエスが水の中から上がってくると、神の霊が鳩のように降ってきて自分の上にとど

まるのが見えます。父なる神はイエスが「私の愛する子、わたしの心に適う者」であると証しします。ここで私たちは三位一体の聖なる神が一致のうちに共に働いていることが分かります。

　他の人々もその鳩が降る光景を見、神の声を聞いたかどうかはマタイの説明からは明らかにされていません。しかし、ヨハネによる福音書の中では、洗礼者ヨハネもまた聖霊がイエスの上に降りて来るのを見たこと、そして神がヨハネに、これはイエスが救世主であることを示している、と告げたことを明らかにしています（ヨハネ1章29〜34節、次の主日の朗読箇所）。

 # MEDITATIO …黙想する

　イエスはいかなる罪の悔い改めも必要ありませんでした。なぜ神はイエスが他の人々と共にヨハネの洗礼を受けられることを望んだのか、考えてみましょう。

　イエスとヨハネは私たちに、他の人々が私たちの行動を誤解するかもしれない時でも神に従わなくてはならないということを、明らかに示しています。他人の意見が、何らかの方法であなたが神に従うのを邪魔していないでしょうか。しばらく黙想してみましょう。

　神がはっきりした声で話しかけるのを聞いたり、鳩のような天からのしるしを見たりするのはわずかな人々だけです。神はあなたにどのように話しかけているでしょうか。

 # ORATIO …祈る

　神がどれほどイエスを愛しておられるかについて考えてみましょう。次に神がどんなにあなたを愛しておられるかについて考えてみましょう。あなたが神の家族として受け入れられるために、あなたの代わりに死ぬためにイエスを遣わされた、その愛についてです。しばらくの間、あなたの天の父に感謝をする時間を取りましょう。

　神があなたに、ご自身のためにして欲しいと望んでおられることがあるか、神に尋ねてみましょう。聖霊に助けを願いましょう。

 # CONTEMPLATIO …観想する

　イエスはご自分の使命のため、聖霊によって力を与えられました。あなたと神との関わりの中で、聖霊はどのような意義を持っているでしょうか。とりわけ聖霊は、イエスを私たちに現し、私たちが神に仕えるために必要なものを備えてくださいます。聖霊の働きをよく考え、助けと導きを願って聖霊を呼んでみましょう。

世界のための救い主

ヨハネによる福音書1章29〜34節

²⁹ その翌日、ヨハネは、自分の方へイエスが来られるのを見て言った。「見よ、世の罪を取り除く神の小羊だ。³⁰『わたしの後から一人の人が来られる。その方はわたしにまさる。わたしよりも先におられたからである』とわたしが言ったのは、この方のことである。³¹ わたしはこの方を知らなかった。しかし、この方がイスラエルに現れるために、わたしは、水で洗礼を授けに来た。」³² そしてヨハネは証しした。「わたしは、〝霊〟が鳩のように天から降って、この方の上にとどまるのを見た。³³ わたしはこの方を知らなかった。しかし、水で洗礼を授けるためにわたしをお遣わしになった方が、『〝霊〟が降って、ある人にとどまるのを見たら、その人が、聖霊によって洗礼を授ける人である』とわたしに言われた。³⁴ わたしはそれを見た。だから、この方こそ神の子であると証ししたのである。」

他の朗読：イザヤ 49:3, 5, 6　詩編 40:2, 4, 7〜10　Ⅰコリント 1:1〜3

 # LECTIO …読む

　本日の福音箇所は、イエスが長く待望されたメシア（救い主）であることをはっきりと証しする、洗礼者ヨハネを紹介しています。

　洗礼者ヨハネは預言者でした。そして彼の使命はメシアのための道を用意することでした。彼は罪を悔い改め、神に立ち帰る必要性を説いていました。これはヨルダン川での洗礼という形で公に行われていました。

　使徒ヨハネは、イエスが洗礼を受けたことについて、他の福音記者たちのように細かく述べません。その代わり、1つの鍵となる出来事とその意義に焦点をあてています。鍵となるポイントとは、洗礼者ヨハネの「わたしは、〝霊〟が鳩のように天から降って、この方の上にとどまるのを見た」（32節）という証言です。

　洗礼者ヨハネはこのことの意味について説明を続けます。神は以前からヨハネに、ある人の上にこのことが起ったら、その人こそ「聖霊によって洗礼を授ける人」、すなわちその人のためにこそヨハネが道を用意していたメシアであると告げていました。イエスを他の人々から際立たせたのは、この聖霊の特別なしるしでした。

　神はまた、洗礼者ヨハネに霊感を与えて、イエスは「神の小羊」である、と言わせます。このことは、イエスが当時たいていの人々が期待していたメシアとは異なるタイプであることを私たちに示唆します。このメシアはユダヤの人々をローマ人から自由にするた

めにではなく、罪から解放し彼らに新しい王国に住む権利を与えるために来ようとしていたのです。そして彼の使命とはただイスラエルの神の民だけではなく、全世界を含めて救うためのものだったのです。

そのためヨハネは、イザヤ53章の「苦しむ僕」についての預言を実現する者としてのイエスを指し示します。イザヤ53章7節では、その苦しむ僕は「屠り場に引かれる小羊」とたとえられています。イエスの使命の1つは、罪の赦しのために神にささげられたいけにえの小羊なのです。

30節で、洗礼者ヨハネはもう1つの意味深いコメントをしています。「その方はわたしよりも先におられた」と。現実的には、ヨハネはイエスよりも前に生まれました。ルカ1章36節では、天使ガブリエルはマリアに、彼女はイエスを産むであろう、そしてヨハネの母のエリサベトは既に身ごもって6ヶ月目であると告げました。しかし使徒ヨハネは、世界が創造される前にイエスは神の中にあった、という記述で福音を書き始めています（ヨハネ1章1～3節）。

 # MEDITATIO …黙想する

もしイエスの使命のために聖霊の存在が必要不可欠ならば、そのことは、聖霊の存在の必要性について私たちに何を示しているでしょうか。

あなたの生活の中で聖霊の働きを経験したことがあるでしょうか。

「神の小羊」としての描写から、イエスについて私たちは何を学ぶことができますか。

 # ORATIO …祈る

詩編40編を通して祈りましょう。そして、イエスについてどんな洞察を与えてくれるかを理解しましょう。その後再び祈り、あなた自身を詩編の中に置いてみましょう。その事を通して神に語りかけていただきましょう。

イエスがあなたの罪を取り去るために来てくださり、神との親しさと平和を享受できるようになったことに感謝をささげましょう。

「神がイエスを国々の光とし、救いを地の果てまでもたらすもの」としたことについて、神に感謝しましょう。イエスがあなたの心に与えている人々のために祈りましょう。

 # CONTEMPLATIO …観想する

イザヤ53章を通して読み、神の子が小羊であるイメージを思い巡らしてみましょう。少しの間、神との時間を取って、イエスについてあなたが読んだ不思議な出来事を、あなたの心の奥深くまで沈ませてみましょう。これが今週の希望の源となりますように。

大きな光

マタイによる福音書4章12〜23節

¹² イエスは、ヨハネが捕らえられたと聞き、ガリラヤに退かれた。¹³ そして、ナザレを離れ、ゼブルンとナフタリの地方にある湖畔の町カファルナウムに来て住まわれた。¹⁴ それは、預言者イザヤを通して言われていたことが実現するためであった。

¹⁵「ゼブルンの地とナフタリの地、

　　湖沿いの道、ヨルダン川のかなたの地、

　　　　異邦人のガリラヤ、

¹⁶ 暗闇に住む民は大きな光を見、

　　死の陰の地に住む者に光が射し込んだ。」

¹⁷ そのときから、イエスは、「悔い改めよ。天の国は近づいた」と言って、宣べ伝え始められた。

¹⁸ イエスは、ガリラヤ湖のほとりを歩いておられたとき、二人の兄弟、ペトロと呼ばれるシモンとその兄弟アンデレが、湖で網を打っているのを御覧になった。彼らは漁師だった。¹⁹ イエスは、「わたしについて来なさい。人間をとる漁師にしよう」と言われた。²⁰ 二人はすぐに網を捨てて従った。²¹ そこから進んで、別の二人の兄弟、ゼベダイの子ヤコブとその兄弟ヨハネが、父親のゼベダイと一緒に、舟の中で網の手入れをしているのを御覧になると、彼らをお呼びになった。²² この二人もすぐに、舟と父親とを残してイエスに従った。

²³ イエスはガリラヤ中を回って、諸会堂で教え、御国の福音を宣べ伝え、また、民衆のありとあらゆる病気や患いをいやされた。

他の朗読：イザヤ 8:23〜9:3　詩編 27:1, 4, 13, 14　Ⅰコリント 1:10〜13, 17

 LECTIO …読む

　誰がどこに、なぜいたのかを理解する助けとして、地理について少し勉強することから始めましょう。洗礼者ヨハネが説教したのは、パレスチナ南部の、エルサレムと

ベツレヘムがあるユダヤです。ヨハネはヨルダン川に近い東部で使命を果たしていました。

ヘロデ・アンティパスは、兄弟であるフィリポの妻と一緒に住んでおり、ユダヤの法を破っていると公に自分を非難した洗礼者ヨハネを牢に入れました（レビ18章16節）。最終的に、ヘロデの妻がヘロデを動かしてヨハネを殺させてしまいます（マタイ14章）。

マタイはこの背景については説明せず、単にヨハネが捕らえられた後、イエスは北に移動しガリラヤに退いたと述べています。イエスは故郷のナザレには戻らないでカファルナウムに住むことを選びます。イザヤ9章1、2節の救世主的な預言を実現するためであったとマタイは解釈しています。

当時ゼブルンとナフタリに住んでいる人々の大半は異邦人でした。そのためイエスは、ご自分の使命を開始するためにこの地を選ぶことによって、その働きが全世界的な性格であることを私たちに明らかに示したのです。

この引用部分でマタイは、イエスの使命の2つの側面について私たちに教えています。第1に、神の国についての福音を説き、そしてあらゆる種類の病気を癒していました。第2に、魚よりも「人々を獲る」ことを学ぶようにと最初の4人の弟子たちを招きます。

イエスと4人の弟子との出会いの詳細について、マタイはごくわずかしか私たちに語りません。しかしながら、イエスは彼らに忘れられない印象を残したに違いありません。彼らはイエスに従うために喜んで仕事を投げ打ったのですから。

 # MEDITATIO …黙想する

ペトロ、アンデレ、ヤコブとヨハネはどうしてイエスの弟子になるためにすぐに仕事を投げ出すことができたのでしょうか。

イエスはこれら4人の男たちの中にどんな資質をみつけ、ご自分の弟子として選んだのでしょうか。

神の国の福音とは何でしょうか。あなた個人にとって何を意味していますか。

もしイエスがあなたの職場に現れたらどう思いますか。イエスはどんな方法で、ご自身に従うようにとあなたを呼んでいるでしょうか。あなたは弟子たちのように、どのようなことがあってもイエスに従う用意ができていますか。

 # ORATIO …祈る

詩編27編は多くの励ましの言葉を与えています。特に、主は私たちの光であり砦なので、固くつかまり信頼しましょう。詩編の言葉を用いて、神への信仰と信頼を築くために聖霊のとりつぎを願いましょう。

イエスは今日も砕かれた心と体を癒やしてくれています。しかしながら私たちは、イエスがどのような方法で働いているのか、いつも理解しているとは限りません。あなたやあなたが知っている主の癒やしを必要としている人たちを助けてくれるよう願いま

しょう。

 CONTEMPLATIO …観想する

　マタイ4章16節の「大きな光」について考えてみましょう。イエスを全ての人々とあなた個人のための大きな光にしたものは何でしょうか。

神の国で優先されるもの

マタイによる福音書5章1〜12節

　¹イエスはこの群衆を見て、山に登られた。腰を下ろされると、弟子たちが近くに寄って来た。²そこで、イエスは口を開き、教えられた。

³「心の貧しい人々は、幸いである、
　　天の国はその人たちのものである。
⁴悲しむ人々は、幸いである、
　　その人たちは慰められる。
⁵柔和な人々は、幸いである、
　　その人たちは地を受け継ぐ。
⁶義に飢え渇く人々は、幸いである、
　　その人たちは満たされる。
⁷憐れみ深い人々は、幸いである、
　　その人たちは憐れみを受ける。
⁸心の清い人々は、幸いである、
　　その人たちは神を見る。
⁹平和を実現する人々は、幸いである、
　　その人たちは神の子と呼ばれる。
¹⁰義のために迫害される人々は、幸いである、
　　天の国はその人たちのものである。
¹¹わたしのためにののしられ、迫害され、身に覚えのないことであらゆる悪口を浴びせられるとき、あなたがたは幸いである。¹²喜びなさい。大いに喜びなさい。天には大きな報いがある。あなたがたより前の預言者たちも、同じように迫害されたのである。」

他の朗読：ゼファニヤ 2:3, 3:12, 13　詩編 146:7〜10　Ⅰコリント 1:26〜31

 LECTIO…読む

　学説によると、マルコによる福音書は他の2つの共観福音書に先立って書かれたと

されており、マタイとルカは自身の話を書くときにマルコの資料を参考にできました。

しかし、マタイとルカは特にイエスの教えについては、マルコ以外の資料も参考にしたようです。マタイによる福音書では、イエスの教えは異なる時と場所から集められ、5つの部分で広範囲にわたって述べられています。今日の箇所は、しばしば八福の教えと言われていますが、山上の説教の始まりとなっています（マタイ5章1節〜7章27節）。

イエスの教えは、神の王権のもとで地上で生活するということが何を意味するか、ということに集約されています。そのため、この箇所の理解を助けるための手がかりが、マタイ6章10節でイエスが弟子たちに教える祈りの中に示されています。すなわち「御国が来ますように。御心が行われますように、天におけるように地の上にも。」と。

イエスの使命は神の掟を地上にもたらすことです。神の国はこの世での優先順位や価値観とは異っています。この世的な見方では、お金、成功そして権力が福音です。しかし、ここでイエスは本当に正しい道を歩んでいる人々は神により頼み、自らの生活のために神が優先するものが何かを探し求めるのだと教えています。

「幸いである」と訳されている言葉は「喜びなさい」とも訳すことができます。それは道徳の原則というより態度です。そのため、イエスは、もしあなたがこれらの態度を持っているならば、つまり、もしあなた方が貧しい心を持っているならば、悲しむならば、心が清いならば、平和を実現するならば、義のために迫害されるならば、義に飢え渇くならば、神の慰めを受け入れるならば、そしてあなたが神に喜ばれることを最大の目標とするならば、天国はあなたたちのものである、と言っているのです。

 # MEDITATIO …黙想する

八福の教えはそれぞれが挑戦的です。あなたにとってどれが一番の挑戦でしょうか。そしてそれはなぜですか。

一番達成できそうに思えるものはどれですか。それはなぜですか。

もしキリスト者すべてが自らの生活の中でこれらの態度を持つならば、私たちの世界にどんな決定的な違いが生まれるでしょうか。

 # ORATIO …祈る

これらの八福の教えの1つだけを選び、イエスとそのことについて話してみましょう。イエスに、自分の生活の中で神のやり方をより優先することができる恵みを願いましょう。私たちが主のために生きることができるよう、神は聖霊を送ってくださることを忘れないようにしましょう。

先週私たちは、神の国でどのように生き、使命を果たすべきかを学ぶために、弟子たちが日常の生活を後に残していかなければならなかった様子を読みました。イエスは私たちも同じことができるように八福の教えを与えてくださいました。この週は、毎日少しの時間あなたの忙しい生活から離れてみましょう。そして八福の教えをもっと誠実に行うことができるように、神から栄養をいただきましょう。

CONTEMPLATIO …観想する

　これらの八福の教えの態度を持っている人々に神がくださる報いと約束のひとつひとつをよく考えてみましょう。それらがどんなに素晴らしく価値があるかを黙想してみましょう。

塩と光

マタイによる福音書5章13 〜 16節

¹³「あなたがたは地の塩である。だが、塩に塩気がなくなれば、その塩は何によって塩味が付けられよう。もはや、何の役にも立たず、外に投げ捨てられ、人々に踏みつけられるだけである。¹⁴ あなたがたは世の光である。山の上にある町は、隠れることができない。¹⁵ また、ともし火をともして升の下に置く者はいない。燭台の上に置く。そうすれば、家の中のものすべてを照らすのである。¹⁶ そのように、あなたがたの光を人々の前に輝かしなさい。人々が、あなたがたの立派な行いを見て、あなたがたの天の父をあがめるようになるためである。」

他の朗読：イザヤ 58:7〜10　詩編 112:4〜9　Ⅰコリント 2:1〜5

 LECTIO … 読む

　ご自分に従う者たちにイエスが教えられたことの考察を続けましょう。マタイはこれらの全ての尊い知恵を1つにまとめ、美しくも挑戦的な山上の説教を描きました（マタイ5〜7章）。様々な場において、個々の教えは1世紀のキリスト者共同体の中で自由に語られていました。

　先週私たちは、八福の教えを検討しました。マタイはこれに続いて、弟子たちと世の中との関係を述べるのにイエスが用いた3つのとても魅力的なイメージを選んでいます。

　その考えが意味するものは、今日のわたしたちには多少変化しています。マタイが書いた当時、塩の主な役割は食物が悪くなるのを防ぐ防腐剤でした。これは今でも重要ですが、今日たいていの人々は料理の味をよくするために塩を使うことを考えるでしょう。

　光のイメージは山にある町のイメージとして簡潔に表現されています。防衛上の理由から、町はしばしば山の頂上に建てられました。町は周りの地域に影響を持っており、またよく見えたことでしょう。

　イエスは、光についての話を続けます。私たちの多くにとって、スイッチを押せば家の中で欲しいだけの明かりをつけることができます。暗い夜には散歩のために、ポケットに懐中電灯を忍ばせることも容易です。これらは最近発達したものです。イエスの時代には、少しの油と灯心ランプが家を照らし、家の外では星と月が輝き、ランプ以外には星と月だけが光だったのです。それで光はとても重要でした。イエスはご自分のメッセージを強調するためにユーモアを働かせます。ランプを升の下に置こうとする

人などいません。それは意味のないことですし、光は完全に消えてしまうでしょう。

英語の翻訳では、説明するのに比喩を用いています。あなたは光や塩のようだと。しかし原文のギリシア語では、もっと強い表現で、あなたは全人類のための塩であり、光であると述べています。

イエスはキリスト者には個々に、また教会には集合的に、塩、光、そして山の上に建てられた町になる責任を課しています。私たちは道を示し、味を加え、自分たちの社会で1つの模範にならなくてはなりません。そしてその目的は、神が賛美されることです。別の言い方をすれば、主の祈りの中で祈るように、神の聖なる御名があがめられるということです。

 # MEDITATIO …黙想する

イエスが用いた、塩、光、山の上の町についての3つのイメージをよく考えてみましょう。この世で私たちの信仰を生き続けるために、それぞれから何を学ぶことができますか。

イザヤ58章と詩編112編からの朗読は、塩や光であることの実際的な例を私たちに与えています。あなたがこれらのどれかを生活の中で実行できるかどうか、また、どうすれば実行できるのかをよく考えてみましょう。

 # ORATIO …祈る

イエスがご自分の弟子としてあなたに課そうとしている責任について、あなたは準備できていると思いますか。使徒パウロは神と私たちの前で彼自身の偽りのない恐れや不安を述べることを恥としませんでした（Ⅰコリント2章1〜8節）。私たちも恐れる必要はありません。あなたを強め、あなたの家庭の中で神のために塩であり光であろうとする大胆さを神に願いましょう。

 # CONTEMPLATIO …観想する

イエスが私たちにキリスト者の生活のために基準を定めるとき、私たちは自分自身の力でそれを満たそうとする間違いを犯しがちです。パウロは、自分自身の能力に頼るのではなく、聖霊の力に頼るべきであると気づかせてくれます。エフェソ1章17〜20節のパウロの祈りをすべて読んで、励ましを受けましょう。17、19、20節に以下のように書かれています。

「どうか、わたしたちの主イエス・キリストの神、栄光の源である御父が、あなたがたに知恵と啓示との霊を与え、神を深く知ることができるようにし…。また、わたしたち信仰者に対して絶大な働きをなさる神の力が、どれほど大きなものであるか、悟らせてくださるように。神は、この力をキリストに働かせて、キリストを死者の中から復活させ、天において御自分の右の座に着かせ、…。」

み国の生活

マタイによる福音書5章20〜34、37節*

²⁰「言っておくが、あなたがたの義が律法学者やファリサイ派の人々の義にまさっていなければ、あなたがたは決して天の国に入ることができない。」

²¹「あなたがたも聞いているとおり、昔の人は『殺すな。人を殺した者は裁きを受ける』と命じられている。²²しかし、わたしは言っておく。兄弟に腹を立てる者はだれでも裁きを受ける。兄弟に『ばか』と言う者は、最高法院に引き渡され、『愚か者』と言う者は、火の地獄に投げ込まれる。²³だから、あなたが祭壇に供え物を献げようとし、兄弟が自分に反感を持っているのをそこで思い出したなら、²⁴その供え物を祭壇の前に置き、まず行って兄弟と仲直りをし、それから帰って来て、供え物を献げなさい。²⁵あなたを訴える人と一緒に道を行く場合、途中で早く和解しなさい。さもないと、その人はあなたを裁判官に引き渡し、裁判官は下役に引き渡し、あなたは牢に投げ込まれるにちがいない。²⁶はっきり言っておく。最後の一クァドランスを返すまで、決してそこから出ることはできない。」

²⁷「あなたがたも聞いているとおり、『姦淫するな』と命じられている。²⁸しかし、わたしは言っておく。みだらな思いで他人の妻を見る者はだれでも、既に心の中でその女を犯したのである。²⁹もし、右の目があなたをつまずかせるなら、えぐり出して捨ててしまいなさい。体の一部がなくなっても、全身が地獄に投げ込まれない方がましである。³⁰もし、右の手があなたをつまずかせるなら、切り取って捨ててしまいなさい。体の一部がなくなっても、全身が地獄に落ちない方がましである。」

³¹「『妻を離縁する者は、離縁状を渡せ』と命じられている。³²しかし、わたしは言っておく。不法な結婚でもないのに妻を離縁する者はだれでも、その女に姦通の罪を犯させることになる。離縁された女を妻にする者も、姦通の罪を犯すことになる。」

³³「また、あなたがたも聞いているとおり、昔の人は、『偽りの誓いを立てるな。主に対して誓ったことは、必ず果たせ』と命じられている。³⁴しかし、わたしは言っておく。一切誓いを立ててはならない。天にかけて誓ってはならない。そこは神の玉座である。」

³⁷「あなたがたは、『然り、然り』『否、否』と言いなさい。それ以上のことは、悪い者から出るのである。」

*マタイによる福音書5章17～37節を通して読むこともできる。

他の朗読：シラ 15:15～20　詩編 119:1, 2, 4, 5, 17, 18, 33, 34　Ⅰコリント 2:6～10

LECTIO … 読む

　山上の説教の本日の箇所の中で、イエスはご自身が弟子たちに課す要求と、律法学者やファリサイ派の人々によって教えられるユダヤ教の要求とを対比させています。イエスは、倫理と宗教的な決まりごとを守るだけでは十分でなく、むしろ弟子たちは神が要求していること全てを行うように集中しなければならないと教えています。

　これらの箇所の中でイエスは、怒り、争い、強い欲望、離婚そして誠実さといった説得力のある分野に触れています。

　イエスの教えは、私たちの考えや感情を行動として表に出してしまう前に制御する必要があると説いています。イエスは分かりやすくするために大いに誇張しています。ですから、目をえぐり出したり、右手を切ってしまうことを言葉通りに受け取るのではなく、罪深い行動につながるかもしれないという考えに対しては、容赦のない態度で臨まなければならないことを説明している、と理解するべきです。罪と共に生きることはできないのです。私たちは完全に、かつ、可能な限り早急に罪の行いから離れなければなりません。

MEDITATIO … 黙想する

　イエスの教えは生身の人間のもろさを並べています。正しい生活は正しい態度から始まります。イエスが述べているどの分野が、あなたにとって一番挑戦的でしょうか。

　あなたには和解する必要がある人が誰かいるでしょうか。

　罪につながるかも知れない考えや感情と、あなたはどう向き合っていますか。

ORATIO … 祈る

　今日の福音を神の前に謙虚に持って行きましょう。神の言われることに耳を傾けながら、あなたの祈りを導かれるままに任せてみましょう。

CONTEMPLATIO …観想する

詩編119編の今日の箇所をゆっくりと読んでみましょう。節が終わるごとに少し立ち止まり、次に進む前にその節について黙想してみましょう。

愛の中を歩みなさい

マタイによる福音書5章38〜48節

³⁸「あなたがたも聞いているとおり、『目には目を、歯には歯を』と命じられている。³⁹しかし、わたしは言っておく。悪人に手向かってはならない。だれかがあなたの右の頬を打つなら、左の頬をも向けなさい。⁴⁰あなたを訴えて下着を取ろうとする者には、上着をも取らせなさい。⁴¹だれかが、一ミリオン行くように強いるなら、一緒に二ミリオン行きなさい。⁴²求める者には与えなさい。あなたから借りようとする者に、背を向けてはならない。」

⁴³「あなたがたも聞いているとおり、『隣人を愛し、敵を憎め』と命じられている。⁴⁴しかし、わたしは言っておく。敵を愛し、自分を迫害する者のために祈りなさい。⁴⁵あなたがたの天の父の子となるためである。父は悪人にも善人にも太陽を昇らせ、正しい者にも正しくない者にも雨を降らせてくださるからである。⁴⁶自分を愛してくれる人を愛したところで、あなたがたにどんな報いがあろうか。徴税人でも、同じことをしているではないか。⁴⁷自分の兄弟にだけ挨拶したところで、どんな優れたことをしたことになろうか。異邦人でさえ、同じことをしているではないか。⁴⁸だから、あなたがたの天の父が完全であられるように、あなたがたも完全な者となりなさい。」

他の朗読：レビ 19:1, 2, 17, 18　詩編 103:1〜4, 8, 10, 12, 13　Ⅰコリント 3:16〜23

 # LECTIO…読む

　この朗読箇所は、イエスがいくつかの旧約聖書の教えを強調することで始まります（出エジプト 21 章 12〜27 節とレビ記における平行した引用句）。イエスは、律法（トーラー）で定められた教えと、新しく示す態度と行動のあり方とを対比したいのです。

　律法は被った損害と同じ賠償をするように定めていました。目には目を、等です。イエスは弟子たちの目を、寛大さが基準である新しい物の見方へと向けさせています。

　人間の予想をはるかに上回るこの種の態度について、イエスは神を模範としています。神が完全であられるように、私たちも神を真似なくてはなりません（48 節）。神は、人類への祝福を惜しみなく与えるときには、良い人も悪い人も区別なさいません。こうして神は完全さを示しているのです。

　トーラーは、人々が神と同じように聖であり完全であることを要求しています（レビ記の今日の朗読箇所参照）。福音朗読において神は、他人に恨みを抱くことをやめ、争いを解決し、自分を愛するように他人を愛しなさいとご自身の民に求めています。そのように私たちが生きるとしたら、世界は何と違うものになることでしょう。これこそイエスが私たちに示す挑戦です。私の例に従いなさい、と。

 # MEDITATIO …黙想する

　他人に対するあなたの態度について誰か影響を与えていますか。神ですか、それとも「世の中」ですか。
　御国の価値観についての今日の箇所から、私たちは何を学ぶことができますか。今どのような実際的な方法で御国の道に生き始めることができるでしょうか。
　あなたは今までに、おそらく教会内ですら誰からも話しかけられないような状況に置かれたことがありますか。47節の言葉の中で、イエスは他人に対して親切にするよう促しています。この週の間、人々に親切な言葉を話しかけるチャンスを探してみましょう。

 # ORATIO …祈る

　「わたしの魂よ、主をたたえよ。／主の御計らいを何ひとつ忘れてはならない。
　主はお前の罪をことごとく赦し…
　主はわたしたちを／罪に応じてあしらわれることなく
　わたしたちの悪に従って報いられることもない。」（詩編103編2、3、10節）
　神があなたに示した慈しみと恵みに感謝しましょう。もし赦せない人がいたり、愛するのが難しいと感じている人があれば、神に助けを願いましょう。神があなたを赦してくださったことを思い出すことが、助けになるかもしれません。
　今日の箇所はとりわけ、私たちを迫害する人々のために祈るように教えています。あなたに不親切であったり、あなたを傷つけたりする人がいたかもしれません。彼らを主の前に差し出し、どうしたら彼らのために祈ることができるかを神に尋ねてみましょう。

 # CONTEMPLATIO …観想する

　イエスがどのような方法で、隣人を自分と同じように愛し「もう一方の頬をむける」模範を私たちに示して下さったのか、よく考えてみましょう。
　本当の知恵とは何でしょうか。Ｉコリント3章16〜23節を読んで、神が賢いと考えるものは何かについて考えてみましょう。

仕えるべきもの

マタイによる福音書6章24〜34節

²⁴「だれも、二人の主人に仕えることはできない。一方を憎んで他方を愛するか、一方に親しんで他方を軽んじるか、どちらかである。あなたがたは、神と富とに仕えることはできない。」

²⁵「だから、言っておく。自分の命のことで何を食べようか何を飲もうかと、また自分の体のことで何を着ようかと思い悩むな。命は食べ物よりも大切であり、体は衣服よりも大切ではないか。²⁶空の鳥をよく見なさい。種も蒔かず、刈り入れもせず、倉に納めもしない。だが、あなたがたの天の父は鳥を養ってくださる。あなたがたは、鳥よりも価値あるものではないか。²⁷あなたがたのうちだれが、思い悩んだからといって、寿命をわずかでも延ばすことができようか。²⁸なぜ、衣服のことで思い悩むのか。野の花がどのように育つのか、注意して見なさい。働きもせず、紡ぎもしない。²⁹しかし、言っておく。栄華を極めたソロモンでさえ、この花の一つほどにも着飾ってはいなかった。³⁰今日は生えていて、明日は炉に投げ込まれる野の草でさえ、神はこのように装ってくださる。まして、あなたがたにはなおさらのことではないか、信仰の薄い者たちよ。³¹だから、『何を食べようか』『何を飲もうか』『何を着ようか』と言って、思い悩むな。³²それはみな、異邦人が切に求めているものだ。あなたがたの天の父は、これらのものがみなあなたがたに必要なことをご存じである。³³何よりもまず、神の国と神の義を求めなさい。そうすれば、これらのものはみな加えて与えられる。³⁴だから、明日のことまで思い悩むな。明日のことは明日自らが思い悩む。その日の苦労は、その日だけで十分である。」

他の朗読：イザヤ 49:14, 15　詩編 62:2, 3, 6〜9　Ⅰコリント 4:1〜5

 # LECTIO…読む

イエスは今日の箇所の中で「あなたが何に思い悩んでいるかを言うなら、私はあなたが誰に仕えているかを教えよう」と言っているように思われます。別の言い方をすれば、もしあなたが毎日の心配ごとにあまりにも思い悩んでいるなら、あなたはそれ

らに支配されているということです。

イエスは私たちが選択すべき内容をはっきりと示しています。私たちは神に仕えることもできますし、またお金や毎日の心配事にも仕えることができます。しかし両方に仕えることはできません。もし神（この世で本当に重要である唯一の主人）への信仰によって私たちが導かれるならば、毎日の心配事は力を失います。

イエスはまた私たちに神の本質について思い出させてくれます。神は創造主であり命の維持者です。あるときここにあり、やがてはなくなってしまう美しい花も神が創造しました。空の鳥を養っていてくださいます。もし神が鳥や植物の面倒を見てくださるのなら、ご自分にかたどって創造した人間について、どんなに面倒を見てくださることでしょうか。

イエスは、私たちに教えてくれた祈り（マタイ6章9〜15節）の最初の言葉「天におられるあなたの父」を繰り返して呼んでいます。この言葉は2つの非常に力のある考えを結びつけるものです。1つは神との関係は父と子のようなものとして招かれているということ、もう1つはこの世の父たちとは異なり、私たちの霊的な父は天におられ、完全で、力強い方だということです。

神は、人間として食べ物、飲み物、そして衣服が私たちに必要であると充分に理解しています。聖書はまた、私たちは自分自身を養うべきであり、自分自身を養えない人々の面倒を見るべきだと教えています。

どこかで飢えている人々がいるということについて、神が間違ったわけではありません。世界にはすべての人々に充分な食料があります。しかし人の欲と利己主義のために、食料が公平に分配されていないのです。これは神の摂理に反する罪です。

 # MEDITATIO …黙想する

今日の福音朗読をもう一度読んでみましょう。ただし、イエスがあなたに直接話しかけていると想像するのです。イエスが言っていることがあなたの感じ方に影響を与えますか。それはどんな風にでしょうか。あなたは何をする必要があるでしょうか。

実際的な言葉で神が私たちに要求していることを、私たちはどうやって知ることができるでしょうか。そして私たちはどのように自分の優先順位を正しますか。

 # ORATIO …祈る

詩編62編を読んで、あなた自身の祈りの基盤として使ってみましょう。

あなたの人生で、神がどのような様々な方法であなたを養ってくれているかについて考えてみましょう。そして神に感謝をささげましょう。あなたが持っているどんな心配事でも、正直に神の前に差し出してみましょう。

CONTEMPLATIO …観想する

　天におられるあなたの父としての神について、よく思いめぐらしてみましょう。神の愛と保護そしてイザヤ49章15節の中で人々に示された次の素晴らしい約束を思い出してみましょう。

　「わたしがあなたを忘れることは決してない。」

賢く建てなさい

マタイによる福音書7章21 〜 27節

²¹「わたしに向かって、『主よ、主よ』と言う者が皆、天の国に入るわけではない。わたしの天の父の御心を行う者だけが入るのである。²² かの日には、大勢の者がわたしに、『主よ、主よ、わたしたちは御名によって預言し、御名によって悪霊を追い出し、御名によって奇跡をいろいろ行ったではありませんか』と言うであろう。²³ そのとき、わたしはきっぱりとこう言おう。『あなたたちのことは全然知らない。不法を働く者ども、わたしから離れ去れ。』」

²⁴「そこで、わたしのこれらの言葉を聞いて行う者は皆、岩の上に自分の家を建てた賢い人に似ている。²⁵ 雨が降り、川があふれ、風が吹いてその家を襲っても、倒れなかった。岩を土台としていたからである。²⁶ わたしのこれらの言葉を聞くだけで行わない者は皆、砂の上に家を建てた愚かな人に似ている。²⁷ 雨が降り、川があふれ、風が吹いてその家に襲いかかると、倒れて、その倒れ方がひどかった。」

他の朗読：申命記 11:18, 26〜28, 32　詩編 31:2〜4, 17, 25　ローマ 3:21〜25, 28

 ## LECTIO…読む

今日の朗読箇所でイエスの山上の説教は終わります。前までの節を検討するのもまた役に立ちます。マタイ7章13、14節でイエスは、人々には2つの門の選択があると教えています。1つは狭く、その道から入るのは難しく、もう1つは広くて、入るのも簡単です。大半の人々は安易な道を選びますが、その道は地獄に通じます。ほんの一握りの人たちだけが天国に通じる道を選びます。このことは、15〜20節中の2種類の木のイメージにも続いています。すなわち真の弟子たちは、よい実を結ぶと説明しているのです。

今日の聖書の箇所はこのテーマを続けます。イエスは、キリスト者の生活様式はつまるところ、単純な選択、すなわち従順である、ということを明確に示しています。イエスの教えを、単に読んだり聴いたりするだけでは十分ではありません。真の弟子であるしるしは、神が私たちに命じることを行っていくことです（21、24節）。

イエスは、かの日（キリスト者を含めて全ての人にとっての終末期における最後の審判の日）について話しています。これはイエスの時代の新しい考えではありませんでし

たが、ここでイエスは最後まで弟子としての資質を持ち続けることの重要さをすべての人が理解するようにと願っています。イエスは彼自身が、誰が天国に入ることができ誰が入れないのか、最後の判決を下す裁判官であることを明らかにしています。

考えさせられるのは、表面的なものが人をだますことがあるということです。人々は神のために素晴らしいことを行ったように見えるかもしれませんが、イエスは人々の心の中まで見ています。イエスは人々の真の動機を見、イエスの教えを生活の中で実践してきたかどうかを見ているのです。

選択について話を戻しましょう。誰が賢い選択をするのでしょうか。賢明にも岩の上に家を建てる人は、人生の嵐が自分で建てた家を倒すのを見ることはないでしょう。その人はどうやって、どこに何を建てるかを学ぶのでしょうか。それは神の言われることを聴き、そして従順に神の指示に従うことによってです。

MEDITATIO …黙想する

イエスは、人を賢くするのは何であると言っているのでしょうか。あなた自身は、どのくらい賢くこの規範に従っていると思いますか。

あなたはキリスト教の信仰の土台は何であると考えますか。あなたの日常生活の中でそれはどれほど重要ですか。

イエスは、私たちの生活の中で「嵐」に遭う可能性があることを明らかにしています。あなたの信仰は今までに「嵐」、あるいは突然肉親に先立たれるといった混乱、あるいは失業、その他の出来事によって試練を受けたことがありますか。試練の時、何があなたの信仰を保たせてくれるでしょうか。

ORATIO …祈る

ローマ3章21〜25節と28節を読みましょう。この箇所は、私たちの救いは、完全に神の恵みにのみ基づく無償の贈り物であり、イエスの死と復活を通してもたらされたことを思い出させてくれます。

死ぬまで神の慈しみに従順に生き続けることが、真の弟子として神に応えることになります。神に従い、神を喜ばせる生き方ができるよう、助けを願いましょう。

CONTEMPLATIO …観想する

イエスは「わたしを愛する人は、わたしの言葉を守る。私の父はその人を愛され、父とわたしとはその人のところに行き、一緒に住む。」と言っています（ヨハネ14章23節）。少しの間時間を取って、この箇所を熟考してみましょう。

誘惑に打ち克つ

マタイによる福音書4章1〜11節

 ¹ さて、イエスは悪魔から誘惑を受けるため、〝霊〟に導かれて荒れ野に行かれた。² そして四十日間、昼も夜も断食した後、空腹を覚えられた。³ すると、誘惑する者が来て、イエスに言った。「神の子なら、これらの石がパンになるように命じたらどうだ。」⁴ イエスはお答えになった。

「『人はパンだけで生きるものではない。

　神の口から出る一つ一つの言葉で生きる』

と書いてある。」⁵ 次に、悪魔はイエスを聖なる都に連れて行き、神殿の屋根の端に立たせて、⁶ 言った。

「神の子なら、飛び降りたらどうだ。

　『神があなたのために天使たちに命じると、

　あなたの足が石に打ち当たることのないように、

　天使たちは手であなたを支える』

と書いてある。」⁷ イエスは、「『あなたの神である主を試してはならない』とも書いてある」と言われた。⁸ 更に、悪魔はイエスを非常に高い山に連れて行き、世のすべての国々とその繁栄ぶりを見せて、⁹「もし、ひれ伏してわたしを拝むなら、これをみんな与えよう」と言った。¹⁰ すると、イエスは言われた。「退け、サタン。

　『あなたの神である主を拝み、

　ただ主に仕えよ』

と書いてある。」¹¹ そこで、悪魔は離れ去った。すると、天使たちが来てイエスに仕えた。

他の朗読：創世記 2:7〜9, 3:1〜7　詩編 51:3〜6, 12〜14, 17　ローマ 5:12〜19

 ### LECTIO … 読む

　今日読む出来事は、イエスの公生涯の中では早い段階で起こり、1 節が明確にしているように、神の支配の下で起こったことです。

　聖霊はイエスを神の使命へ、すなわち荒れ野へと導きます。イエスはそこに 40 日間いて、昼も夜も断食します。旧約聖書では 40 という数字は準備のときとして重要です。それはモーセのシナイ山での断食（出エジプト 34 章 28 節）とイスラエル人が約束の地

に入るのに40年間荒れ野で待ったことを思い出させます（申命記8章2、3節、29章5、6節）。

マタイは3つの具体的な誘惑だけを語っています。最初に、イエスに肉体的な必要性を満たし神的な力を用いるように誘惑します。イエスは私たちと同じものとなって、人はパンだけで生きるものではない、と悪魔を拒絶します。これは明らかに、私たちは神からの「霊的な食べ物」も必要としている、ということです。

次に悪魔は、神がイエスを救うために天使たちを遣わすに違いないから、神殿から飛び降りることによってイエスの神性を証明するようにと誘惑します。

最後に悪魔は、もし自分にひれ伏すならばすべての国々を与えよう、とイエスに申し出ます。イエスは真に人々を悪魔の支配から解放するためにやってきましたが、このような方法を用いてではありません。

この3つの例は、あらゆる誘惑の根源を示しています。あらゆる誘惑の根源とは、神を差し置いて自分だけの力に頼り、神を二の次にして、神なしで世界を正しくしようとする欲望です。

悪魔のずる賢い欺きも、悪魔が聖書からの引用をそのまま使ってさえも、イエスには通用しません（詩編91編11、12節）。イエスは同様に聖書の引用を用いて、あらゆる誘惑を拒絶します。申命記8章3節、6章16節、6章13節から次々に引用します。聖書の一部分の真の解釈は聖書全体と矛盾があってはなりません。

全ての誘惑の本質は、物事を行うのに、神の方法よりも魅力的な代替案があるということです。そしてこの時のイエスにも今の私たちにも同じようにあてはまります。

 ## MEDITATIO … 黙想する

悪魔の誘惑に打ち克つために、イエスを助けたものは何でしょうか。私たちが直面する誘惑に打ち克つ助けとして、どんな教訓を学ぶことができますか。

イエスが4節で引用した、申命記8章3節は何を意味していると思いますか。神の世界を、毎日の食べ物の重要な一部であると考えますか。どうしたら神の世界の中であなたを養ってもらえるのでしょうか。

あなたが直面した日々の誘惑は何ですか。

 ## ORATIO … 祈る

「神よ、わたしの内に清い心を創造し
新しく確かな霊を授けてください。
御救いの喜びを再びわたしに味わわせ
自由の霊によって支えてください」（詩編51編12、14節）

詩編51編は、悔い改めのとき神の前に出て赦しを願う1つの方法を提供しています。この箇所全部を読んで、あなたの祈りが神に届くよう願いましょう。

CONTEMPLATIO …観想する

　四旬節のこの時期を過ごすにあたり、救われた者の生き方を喜ぶことが出きるように、私たちは十字架上のイエスの罪の克服を待ち望みます。次のローマ5章15、17節からの素晴らしい言葉を黙想しましょう。

　「しかし、恵みの賜物は罪とは比較になりません。…神の恵みと義の賜物とを豊かに受けている人は、一人のイエス・キリストを通して生き、支配するようになるのです。」

神の選ばれし者

マタイによる福音書17章1～9節

¹六日の後、イエスは、ペトロ、それにヤコブとその兄弟ヨハネだけを連れて、高い山に登られた。²イエスの姿が彼らの目の前で変わり、顔は太陽のように輝き、服は光のように白くなった。³見ると、モーセとエリヤが現れ、イエスと語り合っていた。⁴ペトロが口をはさんでイエスに言った。「主(しゅ)よ、わたしたちがここにいるのは、すばらしいことです。お望みでしたら、わたしがここに仮小屋を三つ建てましょう。一つはあなたのため、一つはモーセのため、もう一つはエリヤのためです。」⁵ペトロがこう話しているうちに、光り輝く雲が彼らを覆った。すると、「これはわたしの愛する子、わたしの心に適う者。これに聞け」という声が雲の中から聞こえた。⁶弟子たちはこれを聞いてひれ伏し、非常に恐れた。⁷イエスは近づき、彼らに手を触れて言われた。「起きなさい。恐れることはない。」⁸彼らが顔を上げて見ると、イエスのほかにはだれもいなかった。

⁹一同が山を下りるとき、イエスは、「人の子が死者の中から復活するまで、今見たことをだれにも話してはならない」と弟子たちに命じられた。

他の朗読：創世記 12:1～4　詩編 33:4, 5, 18～20, 22　Ⅱテモテ 1:8～10

 ## LECTIO …読む

イエスは祈りの時を過ごすため山に登るのに、最初の3人の弟子たち（ペトロ、ヨハネとヤコブ）だけを選んで伴います。そしてその弟子たちは衝撃的な出来事を目撃します。

彼らが最初に気がついたのは、イエスの顔が輝いたことです。それから、服が光のように白くなるのが分かりました。次に、イエスはモーセとエリヤと話をします。

共にイスラエルの歴史において非常に重要な人物であるこの2人が姿を現すのは、意味深いことです。モーセは神の民をエジプトでの奴隷の身分からの解放に導きました。そして多くのユダヤ人は、メシアが現れる前に預言者エリヤが戻ってくることを期待していました。

ルカの説明では（ルカ9章31節）、預言者たちはどのようにしてイエスがエルサレムでの死（ルカが使っている言葉の文字通りの意味は「脱出」）を通して神の目的を実現するかについて話します。イエスが、永遠に続く救いをもたらし、人類のための神の救いの計画を成就させることについてです。

この息を飲むような経験は、イエスを力づけたに違いありません。それはイエスがその後、きわめて困難な日々に直面し、十字架の上での死に続いていくからです。

光り輝く雲が神の存在を現し、彼の栄光を覆います。イエスの洗礼のときと同じように神は、イエスはご自分が選んだ子であると宣言します。そして、今度は「これに聞け」と弟子たちへの指示を加えます。

この出来事は、他の奇跡とそれに伴う教えと共に、弟子たちを導いたに違いありません。しかし、弟子たちはイエスと一緒にもっと遠くまで旅をしなければなりませんでした。事実、弟子たちが、イエスが誰であるかということと、神が与えた地上での使命を真に理解したのは、復活の後のイエスに出会ってからです。

 # MEDITATIO …黙想する

弟子たちはどのような感覚、あるいは感情を経験したと思いますか。

神はイエスのことを「これはわたしの愛する子、わたしの心に適う者。これに聞け」と言っています。3人の弟子たちはこの意味をどのように解釈したと思いますか。

イエスが弟子たちに、人の子が死者の中から復活するまで今見たことを誰にでも話してはならないと命じたのは、なぜだと思いますか。

以前、雲によって包まれて神が現れたのは、どこだったでしょうか。

 # ORATIO …祈る

「主の御言葉は正しく
御業はすべて真実。
主よ、あなたの慈しみが
　　我らの上にあるように
　　　主を待ち望む我らの上に。」（詩編33編4、22節）

神の言葉に耳を傾けることは、易しいことでしょうか。詩編33編を通して読んでみましょう。上記の2つのようないくつかの節に焦点を当てたいと思うかもしれません。神に語りかけていただきましょう。それから祈りの内に神に応えましょう。

 # CONTEMPLATIO …観想する

「神がわたしたちを救い、聖なる招きによって呼び出して下さったのは、わたしたちの行いによるのではなく、御自身の計画と恵みによるのです。」（Ⅱテモテ1章9節）。Ⅱテモテ1章8～10節からの朗読箇所の中で使徒パウロは、私たちが主の証し人であることや、福音のために苦しむことを恥じないようにと、私たちを励ましています。あなたはこれにどのように応えるでしょうか。よく考えてみましょう。

命を与える水

ヨハネによる福音書4章5〜15、25、26、39、41、42節*

⁵ それで、ヤコブがその子ヨセフに与えた土地の近くにある、シカルというサマリアの町に来られた。⁶ そこにはヤコブの井戸があった。イエスは旅に疲れて、そのまま井戸のそばに座っておられた。正午ごろのことである。

⁷ サマリアの女が水をくみに来た。イエスは、「水を飲ませてください」と言われた。⁸ 弟子たちは食べ物を買うために町に行っていた。⁹ すると、サマリアの女は、「ユダヤ人のあなたがサマリアの女のわたしに、どうして水を飲ませてほしいと頼むのですか」と言った。ユダヤ人はサマリア人とは交際しないからである。¹⁰ イエスは答えて言われた。「もしあなたが、神の賜物を知っており、また、『水を飲ませてください』と言ったのがだれであるか知っていたならば、あなたの方からその人に頼み、その人はあなたに生きた水を与えたことであろう。」¹¹ 女は言った。「主よ、あなたはくむ物をお持ちでないし、井戸は深いのです。どこからその生きた水を手にお入れになるのですか。¹² あなたは、わたしたちの父ヤコブよりも偉いのですか。ヤコブがこの井戸をわたしたちに与え、彼自身も、その子供や家畜も、この井戸から水を飲んだのです。」¹³ イエスは答えて言われた。「この水を飲む者はだれでもまた渇く。¹⁴ しかし、わたしが与える水を飲む者は決して渇かない。わたしが与える水はその人の内で泉となり、永遠の命に至る水がわき出る。」¹⁵ 女は言った。「主よ、渇くことがないように、また、ここにくみに来なくてもいいように、その水をください。」

²⁵ 女が言った。「わたしは、キリストと呼ばれるメシアが来られることは知っています。その方が来られるとき、わたしたちに一切のことを知らせてくださいます。」²⁶ イエスは言われた。「それは、あなたと話をしているこのわたしである。」

³⁹ さて、その町の多くのサマリア人は、「この方が、わたしの行ったことをすべて言い当てました」と証言した女の言葉によって、イエスを信じた。

⁴¹ そして、更に多くの人々が、イエスの言葉を聞いて信じた。⁴² 彼らは女に言った。「わたしたちが信じるのは、もうあなたが話してくれたからではない。わたしたちは自分で聞いて、この方が本当に世の救い主であると分かったからです。」

*ヨハネによる福音書4章5〜42節を通して読むこともできる。

他の朗読：出エジプト 17:3〜7　詩編 95:1, 2, 6〜9　ローマ 5:1, 2, 5〜8

LECTIO …読む

　今日私たちは、井戸の側に立ってイエスがサマリアの女に話しかけているところに立ち会っています。ヨハネはこの劇的な出会いについて私たちに伝えた唯一の福音書記者です。

　ユダヤ人はサマリア人をあまり理解できない人たちとみなしていました。また、当時結婚しているか親戚でない限り、男が1人で女と一緒にいることは文化的に受け入れられることではなかったようです。ですから、イエス1人でいるときにこのサマリアの女に話しかけることは二重の意味で違和感のあることでした。

　この女性の生活はその時まで厳しいものでした。そして彼女は今、夫ではない男と一緒に住んでいます。前の夫は彼女を離縁したのかも知れません。それはたやすいことでした。離縁状さえ書けば、結婚は過去のものとなったのです。

　しかし、イエスの言葉は彼女の心に触れます。イエスが彼女の生活を知っていることが強い感銘を与えたのです。彼女は永遠の水を示されたとき、即座に応えました。そして、この素晴らしい出会いを彼女自身独り占めすることができず、他の人々がイエスに会いに来るようにと町へ駆け出したのです。

 MEDITATIO …黙想する

　この女性は人生の中で、多くの拒絶と非難を経験していました。イエスは彼女にひとりだけで話しかけることを選びました。イエスが1人の人間として彼女を尊重しているこの態度は、何を表しているでしょうか。このことから私たちは何を学ぶことができるでしょうか。

　この女性は地域共同体の中では、さげすまれていたことでしょう。イエスは何故、彼女に自分がメシアであることを明らかにすることを選んだのだと思いますか。

　イエスの、命の水を与えようという申し出に、あなた自身で応えてみましょう。

　どんな方法で、他の人々をイエスに出会うように招くことができますか。

 ORATIO …祈る

　私たちが祈るときにはいつでも、このサマリアの女性のようにイエスと個人的に対話することができます。どんな状況にあっても、神はあなたを愛していて、あなたのことを気にかけています。生ける水は—イエスが与える命のことですが—あなたのためのものでもあるのです。

CONTEMPLATIO …観想する

　イエスはこの女性に井戸で出会いました。あなたもコップ一杯の水を持って座り、それを飲みながら神が語りかけてくれることに耳を傾けてみましょう。

　イエスが探し求めている真の礼拝について、しばらくの間、よく考えてみましょう（23節）。

わたしが知っていること

ヨハネによる福音書9章1、6〜9、13〜17、34〜38節*

¹ さて、イエスは通りすがりに、生まれつき目の見えない人を見かけられた。

⁶ こう言ってから、イエスは地面に唾をし、唾で土をこねてその人の目にお塗りになった。⁷ そして、「シロアム——『遣わされた者』という意味——の池に行って洗いなさい」と言われた。そこで、彼は行って洗い、目が見えるようになって、帰って来た。⁸ 近所の人々や、彼が物乞いをしていたのを前に見ていた人々が、「これは、座って物乞いをしていた人ではないか」と言った。⁹ 「その人だ」と言う者もいれば、「いや違う。似ているだけだ」と言う者もいた。本人は、「わたしがそうなのです」と言った。

¹³ 人々は、前に盲人であった人をファリサイ派の人々のところへ連れて行った。¹⁴ イエスが土をこねてその目を開けられたのは、安息日のことであった。¹⁵ そこで、ファリサイ派の人々も、どうして見えるようになったのかと尋ねた。彼は言った。「あの方が、わたしの目にこねた土を塗りました。そして、わたしが洗うと、見えるようになったのです。」¹⁶ ファリサイ派の人々の中には、「その人は、安息日を守らないから、神のもとから来た者ではない」と言う者もいれば、「どうして罪のある人間が、こんなしるしを行うことができるだろうか」と言う者もいた。こうして、彼らの間で意見が分かれた。¹⁷ そこで、人々は盲人であった人に再び言った。「目を開けてくれたということだが、いったい、お前はあの人をどう思うのか。」彼は「あの方は預言者です」と言った。

³⁴ 彼らは、「お前は全く罪の中に生まれたのに、我々に教えようというのか」と言い返し、彼を外に追い出した。

³⁵ イエスは彼が外に追い出されたことをお聞きになった。そして彼に出会うと、「あなたは人の子を信じるか」と言われた。³⁶ 彼は答えて言った。「主よ、その方はどんな人ですか。その方を信じたいのですが。」³⁷ イエスは言われた。「あなたは、もうその人を見ている。あなたと話しているのが、その人だ。」³⁸ 彼が、「主よ、信じます」と言って、ひざまずくと・・・。

*以上は今日の朗読の短い形。ヨハネ9章1〜41節を通して読むこともできる。

他の朗読：サムエル上 16:1, 6, 7, 10〜13　詩編 23:1〜6　エフェソ 5:8〜14

LECTIO … 読む

　ヨハネによる福音書の前出の章から、イエスはファリサイ派の人々の間で物議を醸していたことが分かります。彼らはイエスを非難するあらゆる機会を探って、細かく観察していました。

　イエスが安息日に癒した1人の男が彼らの前に連れて来られたのは、絶好の機会でした。安息日の癒しによってイエスがユダヤ人たちを怒らせたのは、これが初めてではありませんでした（ヨハネ5章1～18節参照）。

　ファリサイ派の人々は、安息日にはいかなる仕事もしないという律法を厳格に守っていました（出エジプト23章12節、31章12～17節）。イエスもまた安息日を守っていましたが、「仕事」の内容についてファリサイ派の人々と意見を異にしていました。イエスは、癒すことは善いことで神を賛美している、だから、本当の意味で安息日を守っているという考えでした。

　この目の見えない男は、めまぐるしい変化を経験します。生まれて初めて目が見える喜びを想像してみてください。しかし、それが祝われる代わりに、事態は複雑になり、彼を疑う人もでてきます（9節）。ファリサイ派の人々は、彼の両親に生まれつき目が見えなかったということを確認した後、ようやく彼のことを信じます。そして彼を神殿の境内から追い出してしまいます（34節）。

　肉体的な癒しは素晴らしいことですが、もっと大きな癒しは未だ実現していません。イエスはこの男を捜し、ご自分が神の子であることを明らかにし、ご自分を信じるようにと招きます。この男はイエスへの信仰を告白し、彼の霊的な盲目もまた癒されるのです。

MEDITATIO … 黙想する

　イエスがこの男にどのような態度をとったか、よく考えてみましょう。イエスの態度をファリサイ派の人々の反応と比較してみましょう。このことから私たちは何を学ぶことができるでしょうか。

　サムエル上16章7節の中で私たちは、神は心を見るのであって、外見を見ないと告げられます。このことは今日の福音朗読とどのように関係していますか。私たちは、人々を見た目や社会的な地位に基づいて判断していないでしょうか。

　ファリサイ派の人々は、神の望みを行っていると考えていました。しかし結果としては神に背いていたのです。どうすれば私たちはこの同じ轍を踏まないようにできるでしょうか。

　あなた自身の霊的な経験の中で、他人があなたに問いただすときにも固く立っていられるような、十分確信を感じるような方法で神に出会ったことがありますか。

ORATIO …祈る

　詩編23編は多くの段階において共感を呼びます。今週は、毎日いくつかの節に焦点を当てて、自身の祈りにしてみましょう。
　肉体的、精神的な癒しを必要としている、あなたが知っている人たちのために祈りましょう。

 # CONTEMPLATIO …観想する

　ご自身を信じるようにと、最初に神があなたを招いたのはいつのことだったかを覚えているでしょうか。今日まで神の恵みがあなたの生活の中でどのように働いてきたか、よく考えてみましょう。

復活の命

ヨハネによる福音書11章3〜7、17、20〜27、33〜45節*

³ 姉妹たちはイエスのもとに人をやって、「主よ、あなたの愛しておられる者が病気なのです」と言わせた。⁴ イエスは、それを聞いて言われた。「この病気は死で終わるものではない。神の栄光のためである。神の子がそれによって栄光を受けるのである。」⁵ イエスは、マルタとその姉妹とラザロを愛しておられた。⁶ ラザロが病気だと聞いてからも、なお二日間同じ所に滞在された。⁷ それから、弟子たちに言われた。「もう一度、ユダヤに行こう。」

¹⁷ さて、イエスが行って御覧になると、ラザロは墓に葬られて既に四日もたっていた。

²⁰ マルタは、イエスが来られたと聞いて、迎えに行ったが、マリアは家の中に座っていた。²¹ マルタはイエスに言った。「主よ、もしここにいてくださいましたら、わたしの兄弟は死ななかったでしょうに。²² しかし、あなたが神にお願いになることは何でも神はかなえてくださると、わたしは今でも承知しています。」²³ イエスが、「あなたの兄弟は復活する」と言われると、²⁴ マルタは、「終わりの日の復活の時に復活することは存じております」と言った。²⁵ イエスは言われた。「わたしは復活であり、命である。わたしを信じる者は、死んでも生きる。²⁶ 生きていてわたしを信じる者はだれも、決して死ぬことはない。このことを信じるか。」²⁷ マルタは言った。「はい、主よ、あなたが世に来られるはずの神の子、メシアであるとわたしは信じております。」

³³ イエスは、彼女が泣き、一緒に来たユダヤ人たちも泣いているのを見て、心に憤りを覚え、興奮して、³⁴ 言われた。「どこに葬ったのか。」彼らは、「主よ、来て、御覧ください」と言った。³⁵ イエスは涙を流された。³⁶ ユダヤ人たちは、「御覧なさい、どんなにラザロを愛しておられたことか」と言った。³⁷ しかし、中には、「盲人の目を開けたこの人も、ラザロが死なないようにはできなかったのか」と言う者もいた。

³⁸ イエスは、再び心に憤りを覚えて、墓に来られた。墓は洞穴で、石でふさがれていた。³⁹ イエスが、「その石を取りのけなさい」と言われると、死んだラザロの姉妹マルタが、「主よ、四日もたっていますから、もうにおいます」と言った。⁴⁰ イエスは、「もし信じるなら、神の栄光が見られると、言っておいたではないか」

と言われた。⁴¹ 人々が石を取りのけると、イエスは天を仰いで言われた。「父よ、わたしの願いを聞き入れてくださって感謝します。⁴² わたしの願いをいつも聞いてくださることを、わたしは知っています。しかし、わたしがこう言うのは、周りにいる群衆のためです。あなたがわたしをお遣わしになったことを、彼らに信じさせるためです。」⁴³ こう言ってから、「ラザロ、出て来なさい」と大声で叫ばれた。⁴⁴ すると、死んでいた人が、手と足を布で巻かれたまま出て来た。顔は覆いで包まれていた。イエスは人々に、「ほどいてやって、行かせなさい」と言われた。

⁴⁵ マリアのところに来て、イエスのなさったことを目撃したユダヤ人の多くは、イエスを信じた。

* 以上は今日の朗読の短い形。ヨハネ 11 章 1～45 節を通して読むこともできる。

他の朗読：エゼキエル 37:12～14　詩編 130:1～8　ローマ 8:8～11

 # LECTIO …読む

　マリアとマルタはイエスの非常に親しい友人です。ですから、イエスが余りにも遅れて現れたことに落胆しています。ラザロが死んでしまってから現れたからです。
　イエスは初めから、御父が栄光の計画を持っておられることに気づいていました（4節）。しかし、そのことでイエスが彼らの深い悲しみを共有することを妨げられることはありません（33～35 節）。
　イエスは「わたしは復活であり、命である。」と言われ、ご自分を信じる者はだれも決して死ぬことはない、と約束します（25、26 節）。マルタは、イエスは約束されたメシアであると、彼女の信仰を告白します。
　イエスは、ご自身が神の子であることを人々が信じるようになるために、ラザロを死からよみがえらせます。多くの人々が信じますが、宗教的指導者たちにとってイエスは非常に大きな脅威となったため、イエスを殺そうとたくらみはじめます（53 節）。

 # MEDITATIO …黙想する

　この話の中で、何が一番印象的ですか。
　この奇跡はイエスの権威について何を物語っているでしょうか。
　「わたしは復活であり、命である。」
　この言葉はあなたにとって何を意味しますか。あなたは永遠の命についてどう思いますか。

ORATIO …祈る

　祈りの中で神に応えてみましょう。あなたの希望と恐れを神の前に差し出してみましょう。そして神の愛情に満ちた配慮に感謝しましょう。

 # CONTEMPLATIO …観想する

　ローマ8章8〜11節を読んで、あなたの信仰と神の約束への確信を強めましょう。

いったい、これはどういう人だ

マタイによる福音書21章1～11節

[1] 一行がエルサレムに近づいて、オリーブ山沿いのベトファゲに来たとき、イエスは二人の弟子を使いに出そうとして、[2] 言われた。「向こうの村へ行きなさい。するとすぐ、ろばがつないであり、一緒に子ろばのいるのが見つかる。それをほどいて、わたしのところに引いて来なさい。[3] もし、だれかが何か言ったら、『主（しゅ）がお入り用なのです』と言いなさい。すぐ渡してくれる。」[4] それは、預言者を通して言われていたことが実現するためであった。

[5]「シオンの娘に告げよ。

　『見よ、お前の王がお前のところにおいでになる、

　柔和な方で、ろばに乗り、

　荷を負うろばの子、子ろばに乗って。』」

[6] 弟子たちは行って、イエスが命じられたとおりにし、[7] ろばと子ろばを引いて来て、その上に服をかけると、イエスはそれにお乗りになった。[8] 大勢の群衆が自分の服を道に敷き、また、ほかの人々は木の枝を切って道に敷いた。[9] そして群衆は、イエスの前を行く者も後に従う者も叫んだ。

　「ダビデの子にホサナ。

　主の名によって来られる方に、祝福があるように。

　いと高きところにホサナ。」

[10] イエスがエルサレムに入られると、都中の者が、「いったい、これはどういう人だ」と言って騒いだ。[11] そこで群衆は、「この方は、ガリラヤのナザレから出た預言者イエスだ」と言った。

他の朗読：イザヤ 50:4～7　詩編 22:8, 9, 17～20, 23, 24　フィリピ 2:6～11

LECTIO…読む

　私たちは聖週間を、イエスが意気揚々とエルサレムへ入城する場面から始めます。それは象徴的なイメージと意味を持った、何と素晴らしい出来事でしょうか。

　出発点がオリーブ山というのは、聖書では主が来られることと関連づけられていて意味深いです（ゼカリヤ14章4節）。

　マタイはまず、イエスが乗るろばと子ろばの目を引く準備の仕方を述べます。弟子た

ちはイエスの指示に従い、彼らが見つけるであろうとイエスが言ったロバの親子と一緒に戻ってきます（6節）。マタイは、これをゼカリヤ書の預言（ゼカリヤ9章9、10節、王は軍馬や戦車ではなくみすぼらしいろばに乗り、救い主としてやってくるという記述）を実現するためだった、と解釈しています（4節）。ご自身のこの世での最後の数日が何をもたらすのかについて、イエスは充分に理解しています。

　人々はイエスの前の道に彼らの服を敷きます。これは勝利した王や重要な人に対する習慣的な挨拶です（列王記下9章13節）。人々は「主の名によって来られる方に、祝福があるように」と叫びます（9節）。これは詩編118編26節の言葉です。

　イエスの劇的な入城は、ファリサイ派の人々にとってはこれ以上ないほど悪い印象を与えたことでしょう。エルサレムは過越の祭りを祝うためにやって来ていた巡礼者でごった返していました（ルカ22章7節）。マタイは21章10節で、「イエスがエルサレムに入られると、都中の者が、『いったい、これはどういう人だ』と言って騒いだ」、と述べています。

　ファリサイ派の人々は、イエスとその教えを受け入れませんでした。そして他の人々がイエスに従うのを阻止しようと思っていました。ですから、この騒々しい英雄の歓迎は、彼らにとって最悪と言えました。また、もっともなことですが、ローマの兵士たちが公の秩序を回復するために残忍な介入をすることを恐れていたかもしれません。

　イエスの弟子たちは彼をメシアだと信じ、宗教的指導者たちは信じず、多くの人々はどちらとも決めかねていました。人々のイエスへの応答は今日でもさまざまあります。イエスとは誰でしょうか。預言者、癒す人、よい先生、それとも彼はメシア、即ち神の子でしょうか。

MEDITATIO … 黙想する

　「いったい、これはどういう人だ」この言葉はイエスがエルサレムに入った時の極めて重要な疑問でした。そして、それ以来どんな個人にとっても極めて重要な疑問です。あなたは何を信じていますか。そしてそれはなぜですか。

　この引用部分の中で、弟子たちの行動から私たちは何を学ぶことができますか。

　イエスがエルサレムに入った方法は、イエスとその使命について私たちに何を明らかにしているでしょうか。

ORATIO … 祈る

　ご自分の子を天から降らせ、人となって私たちの罪のために十字架で死ぬように、この世にお遣しになった神の御旨に感謝をささげるために、フィリピ2章6〜11節を用いてみましょう。神の前で礼拝し、「イエス・キリストは主である」と賛えましょう。

CONTEMPLATIO …観想する

　あなたがイエスの御前で喜びのうちに永遠に生きることができるように、イエスはあなたを救うために死んでくださいました。あなたの人生の主として、イエスを招いたことがありますか。あなたには、未だ抵抗があり喜んで受け入れられないイエスの教えの要素がありますか。今日、神に従うためにさらに必要なものは何でしょうか。

仕える心

ヨハネによる福音書13章1〜15節

¹ さて、過越祭（すぎこしさい）の前のことである。イエスは、この世から父のもとへ移る御自分の時が来たことを悟り、世にいる弟子たちを愛して、この上なく愛し抜かれた。² 夕食のときであった。既に悪魔は、イスカリオテのシモンの子ユダに、イエスを裏切る考えを抱かせていた。³ イエスは、父がすべてを御自分の手にゆだねられたこと、また、御自分が神のもとから来て、神のもとに帰ろうとしていることを悟り、⁴ 食事の席から立ち上がって上着を脱ぎ、手ぬぐいを取って腰にまとわれた。⁵ それから、たらいに水をくんで弟子たちの足を洗い、腰にまとった手ぬぐいでふき始められた。⁶ シモン・ペトロのところに来ると、ペトロは、「主（しゅ）よ、あなたがわたしの足を洗ってくださるのですか」と言った。⁷ イエスは答えて、「わたしのしていることは、今あなたには分かるまいが、後で、分かるようになる」と言われた。⁸ ペトロが、「わたしの足など、決して洗わないでください」と言うと、イエスは、「もしわたしがあなたを洗わないなら、あなたはわたしと何のかかわりもないことになる」と答えられた。⁹ そこでシモン・ペトロが言った。「主よ、足だけでなく、手も頭も。」¹⁰ イエスは言われた。「既に体を洗った者は、全身清いのだから、足だけ洗えばよい。あなたがたは清いのだが、皆が清いわけではない。」¹¹ イエスは、御自分を裏切ろうとしている者がだれであるかを知っておられた。それで、「皆が清いわけではない」と言われたのである。

¹² さて、イエスは、弟子たちの足を洗ってしまうと、上着を着て、再び席に着いて言われた。「わたしがあなたがたにしたことが分かるか。¹³ あなたがたは、わたしを『先生』とか『主』とか呼ぶ。そのように言うのは正しい。わたしはそうである。¹⁴ ところで、主であり、師であるわたしがあなたがたの足を洗ったのだから、あなたがたも互いに足を洗い合わなければならない。¹⁵ わたしがあなたがたにしたとおりに、あなたがたもするようにと、模範を示したのである。

他の朗読：出エジプト 12:1〜8, 11〜14　詩編 116:12, 13, 15〜18　Ⅰコリント 11:23〜26

 LECTIO …読む

　今日の福音書の出来事は過越の食事の文脈の中で語られています。旧約の朗読箇

所（出エジプト12章1〜8、11〜14節）では、この祝祭日がユダヤ人たちにとってどれほど大きな意味を持っているかを思い出させてくれます。それはご自身の民を救われた神の奇跡を思い出す祝祭日なのです。

ヨハネは、イエスが弟子たちの足を洗うこの貴重な模範を私たちに与えてくれた唯一の福音書記者です。

イエスの行動は弟子たちを驚かせたに違いありません。なぜなら、客を接待する人が、家に入る客が自分の足を洗えるように水を用意したのが一般的だったのです（ルカ7章44節）。時として、召使なり奴隷なりが、この仕事に従事することもあります。非常にまれに、弟子たちが先生の足を洗うことがあるかもしれません。しかし、その逆は決してありませんでした。前代未聞です。

ペトロは強く反対します。しかしそれから、未だイエスの目的を理解しないままに、足だけでなく手も頭も洗って欲しいと言います。この現実的な行動の中で、イエスは弟子たちに、そして私たちに、非常に重要な教訓を身をもって示します。即ち、私たちはイエスが私たちに仕えられたように、お互いに仕え合わなければならないということです。謙虚さと奉仕の心は真の弟子であることを示すものなのです。

イエスが本当に求めていたものは謙虚さでした。謙虚さこそ、救いの賜物への唯一の門戸なのです。私たち自身の行動によって、救いを手にすることはできません。十字架上の神の子の謙虚な犠牲を受け入れることによってのみ、私たちは救いを受けることができるのです。

 # MEDITATIO …黙想する

イエスがあなたの足を洗っているのを想像してみてください。どんな感じがするでしょうか。あなたはイエスに何と言いますか。

どのくらい、イエスの模範に倣い、他人に仕えたいと願っていますか。それをどんな現実的な方法で実践できるでしょうか。

ユダはその食卓に座っていました。そして間違いなく、イエスに自分の足を洗ってもらっていたのです。イエスはご自分を裏切る者の前でも、へりくだられました（11節）。このことはイエス、そしてユダについても、私たちに何を教えているでしょうか。

 # ORATIO …祈る

詩編116編をこの数日間の祈りにしてみましょう。これらの言葉を読みながらイエスの感情と行動を考えてみましょう。聖霊が語りかけることに耳を傾け、12節の中で詩編作者の言葉を考えてみましょう。

「主はわたしに報いてくださった。わたしはどのように答えようか。」

CONTEMPLATIO …観想する

　キリストの愛とへりくだり、そして私たちのために苦しんで死んでくださったことについて思い巡らしてみましょう。イエスは変わることなく、三位一体との交わりへ私たちを導びこうと望まれています。このことについてもよく考えてみましょう。

最も偉大な愛

ヨハネによる福音書18章1節 ～ 19章42節

¹ こう話し終えると、イエスは弟子たちと一緒に、キドロンの谷の向こうへ出て行かれた。そこには園があり、イエスは弟子たちとその中に入られた。² イエスを裏切ろうとしていたユダも、その場所を知っていた。イエスは、弟子たちと共に度々ここに集まっておられたからである。³ それでユダは、一隊の兵士と、祭司長たちやファリサイ派の人々の遣わした下役たちを引き連れて、そこにやって来た。松明やともし火や武器を手にしていた。⁴ イエスは御自分の身に起こることを何もかも知っておられ、進み出て、「だれを捜しているのか」と言われた。⁵ 彼らが「ナザレのイエスだ」と答えると、イエスは「わたしである」と言われた。イエスを裏切ろうとしていたユダも彼らと一緒にいた。⁶ イエスが「わたしである」と言われたとき、彼らは後ずさりして、地に倒れた。⁷ そこで、イエスが「だれを捜しているのか」と重ねてお尋ねになると、彼らは「ナザレのイエスだ」と言った。⁸ すると、イエスは言われた。「『わたしである』と言ったではないか。わたしを捜しているのなら、この人々は去らせなさい。」⁹ それは、「あなたが与えてくださった人を、わたしは一人も失いませんでした」と言われたイエスの言葉が実現するためであった。¹⁰ シモン・ペトロは剣を持っていたので、それを抜いて大祭司の手下に打ってかかり、その右の耳を切り落とした。手下の名はマルコスであった。¹¹ イエスはペトロに言われた。「剣をさやに納めなさい。父がお与えになった杯は、飲むべきではないか。」

¹² そこで一隊の兵士と千人隊長、およびユダヤ人の下役たちは、イエスを捕らえて縛り、¹³ まず、アンナスのところへ連れて行った。彼が、その年の大祭司カイアファのしゅうとだったからである。¹⁴ 一人の人間が民の代わりに死ぬ方が好都合だと、ユダヤ人たちに助言したのは、このカイアファであった。

¹⁵ シモン・ペトロともう一人の弟子は、イエスに従った。この弟子は大祭司の知り合いだったので、イエスと一緒に大祭司の屋敷の中庭に入ったが、¹⁶ ペトロは門の外に立っていた。大祭司の知り合いである、そのもう一人の弟子は、出て来て門番の女に話し、ペトロを中に入れた。¹⁷ 門番の女中はペトロに言った。「あなたも、あの人の弟子の一人ではありませんか。」ペトロは、「違う」と言った。¹⁸ 僕や下役たちは、寒かったので炭火をおこし、そこに立って火にあたっていた。ペトロも彼らと一緒に立って、火にあたっていた。

¹⁹ 大祭司はイエスに弟子のことや教えについて尋ねた。²⁰ イエスは答えられた。「わたしは、世に向かって公然と話した。わたしはいつも、ユダヤ人が皆集まる会堂や神殿の境内で教えた。ひそかに話したことは何もない。²¹ なぜ、わたしを尋問するのか。わたしが何を話したかは、それを聞いた人々に尋ねるがよい。その人々がわたしの話したことを知っている。」²² イエスがこう言われると、そばにいた下役の一人が、「大祭司に向かって、そんな返事のしかたがあるか」と言って、イエスを平手で打った。²³ イエスは答えられた。「何か悪いことをわたしが言ったのなら、その悪いところを証明しなさい。正しいことを言ったのなら、なぜわたしを打つのか。」²⁴ アンナスは、イエスを縛ったまま、大祭司カイアファのもとに送った。

²⁵ シモン・ペトロは立って火にあたっていた。人々が、「お前もあの男の弟子の一人ではないのか」と言うと、ペトロは打ち消して、「違う」と言った。²⁶ 大祭司の僕の一人で、ペトロに片方の耳を切り落とされた人の身内の者が言った。「園であの男と一緒にいるのを、わたしに見られたではないか。」²⁷ ペトロは、再び打ち消した。するとすぐ、鶏が鳴いた。

²⁸ 人々は、イエスをカイアファのところから総督官邸に連れて行った。明け方であった。しかし、彼らは自分では官邸に入らなかった。汚れないで過越の食事をするためである。²⁹ そこで、ピラトが彼らのところへ出て来て、「どういう罪でこの男を訴えるのか」と言った。³⁰ 彼らは答えて、「この男が悪いことをしていなかったら、あなたに引き渡しはしなかったでしょう」と言った。³¹ ピラトが、「あなたたちが引き取って、自分たちの律法に従って裁け」と言うと、ユダヤ人たちは、「わたしたちには、人を死刑にする権限がありません」と言った。³² それは、御自分がどのような死を遂げるかを示そうとして、イエスの言われた言葉が実現するためであった。³³ そこで、ピラトはもう一度官邸に入り、イエスを呼び出して、「お前がユダヤ人の王なのか」と言った。³⁴ イエスはお答えになった。「あなたは自分の考えで、そう言うのですか。それとも、ほかの者がわたしについて、あなたにそう言ったのですか。」³⁵ ピラトは言い返した。「わたしはユダヤ人なのか。お前の同胞や祭司長たちが、お前をわたしに引き渡したのだ。いったい何をしたのか。」³⁶ イエスはお答えになった。「わたしの国は、この世には属していない。もし、わたしの国がこの世に属していれば、わたしがユダヤ人に引き渡されないように、部下が戦ったことだろう。しかし、実際、わたしの国はこの世には属していない。」³⁷ そこでピラトが、「それでは、やはり王なのか」と言うと、イエスはお答えになった。「わたしが王だとは、あなたが言っていることです。わたしは真理について証しをするために生まれ、そのためにこの世に来た。真理に属する人は皆、わた

しの声を聞く。」[38] ピラトは言った。「真理とは何か。」

　ピラトは、こう言ってからもう一度、ユダヤ人たちの前に出て来て言った。「わたしはあの男に何の罪も見いだせない。[39] ところで、過越祭にはだれか一人をあなたたちに釈放するのが慣例になっている。あのユダヤ人の王を釈放してほしいか。」[40] すると、彼らは、「その男ではない。バラバを」と大声で言い返した。バラバは強盗であった。

　[1] そこで、ピラトはイエスを捕らえ、鞭で打たせた。[2] 兵士たちは茨で冠を編んでイエスの頭に載せ、紫の服をまとわせ、[3] そばにやって来ては、「ユダヤ人の王、万歳」と言って、平手で打った。[4] ピラトはまた出て来て、言った。「見よ、あの男をあなたたちのところへ引き出そう。そうすれば、わたしが彼に何の罪も見いだせないわけが分かるだろう。」[5] イエスは茨の冠をかぶり、紫の服を着けて出て来られた。ピラトは、「見よ、この男だ」と言った。[6] 祭司長たちや下役たちは、イエスを見ると、「十字架につけろ。十字架につけろ」と叫んだ。ピラトは言った。「あなたたちが引き取って、十字架につけるがよい。わたしはこの男に罪を見いだせない。」[7] ユダヤ人たちは答えた。「わたしたちには律法があります。律法によれば、この男は死罪に当たります。神の子と自称したからです。」

　[8] ピラトは、この言葉を聞いてますます恐れ、[9] 再び総督官邸の中に入って、「お前はどこから来たのか」とイエスに言った。しかし、イエスは答えようとされなかった。[10] そこで、ピラトは言った。「わたしに答えないのか。お前を釈放する権限も、十字架につける権限も、このわたしにあることを知らないのか。」[11] イエスは答えられた。「神から与えられていなければ、わたしに対して何の権限もないはずだ。だから、わたしをあなたに引き渡した者の罪はもっと重い。」[12] そこで、ピラトはイエスを釈放しようと努めた。しかし、ユダヤ人たちは叫んだ。「もし、この男を釈放するなら、あなたは皇帝の友ではない。王と自称する者は皆、皇帝に背いています。」

　[13] ピラトは、これらの言葉を聞くと、イエスを外に連れ出し、ヘブライ語でガバタ、すなわち「敷石」という場所で、裁判の席に着かせた。[14] それは過越祭の準備の日の、正午ごろであった。ピラトがユダヤ人たちに、「見よ、あなたたちの王だ」と言うと、[15] 彼らは叫んだ。「殺せ。殺せ。十字架につけろ。」ピラトが、「あなたたちの王をわたしが十字架につけるのか」と言うと、祭司長たちは、「わたしたちには、皇帝のほかに王はありません」と答えた。[16] そこで、ピラトは、十字架につけるために、イエスを彼らに引き渡した。

　こうして、彼らはイエスを引き取った。[17] イエスは、自ら十字架を背負い、いわゆる「されこうべの場所」、すなわちヘブライ語でゴルゴタという所へ向かわ

れた。¹⁸そこで、彼らはイエスを十字架につけた。また、イエスと一緒にほかの二人をも、イエスを真ん中にして両側に、十字架につけた。¹⁹ピラトは罪状書きを書いて、十字架の上に掛けた。それには、「ナザレのイエス、ユダヤ人の王」と書いてあった。²⁰イエスが十字架につけられた場所は都に近かったので、多くのユダヤ人がその罪状書きを読んだ。それは、ヘブライ語、ラテン語、ギリシア語で書かれていた。²¹ユダヤ人の祭司長たちがピラトに、「『ユダヤ人の王』と書かず、『この男は「ユダヤ人の王」と自称した』と書いてください」と言った。²²しかし、ピラトは、「わたしが書いたものは、書いたままにしておけ」と答えた。

²³兵士たちは、イエスを十字架につけてから、その服を取り、四つに分け、各自に一つずつ渡るようにした。下着も取ってみたが、それには縫い目がなく、上から下まで一枚織りであった。²⁴そこで、「これは裂かないで、だれのものになるか、くじ引きで決めよう」と話し合った。それは、

「彼らはわたしの服を分け合い、

わたしの衣服のことでくじを引いた」

という聖書の言葉が実現するためであった。兵士たちはこのとおりにしたのである。²⁵イエスの十字架のそばには、その母と母の姉妹、クロパの妻マリアとマグダラのマリアとが立っていた。²⁶イエスは、母とそのそばにいる愛する弟子とを見て、母に、「婦人よ、御覧なさい。あなたの子です」と言われた。²⁷それから弟子に言われた。「見なさい。あなたの母です。」そのときから、この弟子はイエスの母を自分の家に引き取った。

²⁸この後、イエスは、すべてのことが今や成し遂げられたのを知り、「渇く」と言われた。こうして、聖書の言葉が実現した。²⁹そこには、酸いぶどう酒を満たした器が置いてあった。人々は、このぶどう酒をいっぱい含ませた海綿をヒソプに付け、イエスの口もとに差し出した。³⁰イエスは、このぶどう酒を受けると、「成し遂げられた」と言い、頭を垂れて息を引き取られた。

³¹その日は準備の日で、翌日は特別の安息日（あんそくび）であったので、ユダヤ人たちは、安息日に遺体を十字架の上に残しておかないために、足を折って取り降ろすように、ピラトに願い出た。³²そこで、兵士たちが来て、イエスと一緒に十字架につけられた最初の男と、もう一人の男との足を折った。³³イエスのところに来てみると、既に死んでおられたので、その足は折らなかった。³⁴しかし、兵士の一人が槍（やり）でイエスのわき腹を刺した。すると、すぐ血と水とが流れ出た。³⁵それを目撃した者が証ししており、その証しは真実である。その者は、あなたがたにも信じさせるために、自分が真実を語っていることを知っている。³⁶これらのことが起こったのは、「その骨は一つも砕かれない」という聖書の言葉が実現するため

であった。[37] また、聖書の別の所に、「彼らは、自分たちの突き刺した者を見る」とも書いてある。

[38] その後、イエスの弟子でありながら、ユダヤ人たちを恐れて、そのことを隠していたアリマタヤ出身のヨセフが、イエスの遺体を取り降ろしたいと、ピラトに願い出た。ピラトが許したので、ヨセフは行って遺体を取り降ろした。[39] そこへ、かつてある夜、イエスのもとに来たことのあるニコデモも、没薬(もつやく)と沈香を混ぜた物を百リトラばかり持って来た。[40] 彼らはイエスの遺体を受け取り、ユダヤ人の埋葬の習慣に従い、香料を添えて亜麻布(あ　まぬの)で包んだ。[41] イエスが十字架につけられた所には園があり、そこには、だれもまだ葬られたことのない新しい墓があった。[42] その日はユダヤ人の準備の日であり、この墓が近かったので、そこにイエスを納めた。

他の朗読：イザヤ 52:13～53:12　詩編 31:2, 6, 12, 13, 15～17, 25　ヘブライ 4:14～16, 5:7～9

 # LECTIO…読む

ヨハネによる福音書のイエスの受難の記述は、裏切りと夜の逮捕で始まります。ユダはローマ兵たちと神殿の下役たちを、イエスが弟子たちとしばしば会っていた庭へ案内します。しかしヨハネは、イエスは予期せず連れ去られるのではないし、逮捕を避けようともしていないことを、以下の記述によって明確にさせています。「イエスは御自分の身に起こることは何もかも知っておられ、進み出て…」(18章 4 節)

イエスは、アンナスと大祭司カイアファの前に連れてこられます。ヨハネは、ユダヤ人たちの前でのイエスの裁判について、他の福音書記者ほど詳細には示しません(マタイ26 章 57～68 節、マルコ14 章 53～65 節、ルカ22 章 54、55、63～71 節参照)。しかし「一人の人間が民の代わりに死ぬ方が好都合だ」(18章 14 節)とユダヤ人たちに助言したのは、このカイアファであったと書いています。

ユダヤ人たちは判決を言い渡しますが、それを実行するためにはローマ総督の許可が必要です。そこで彼らはイエスを総督ピラトのところに連れて行きますが、ピラトにはイエスを死刑にする理由が見出せません。事実、ピラトはこのことを人々に少なくとも 3 回宣言しています(18章 38 節、19章 4、6 節)。そしてイエスを釈放しようとします。しかし、群衆のほうが公然とピラトに皇帝への忠誠を求めると、彼はあきらめてイエスを十字架につけるために引き渡します。

ヨハネによる福音書には、他の 3 つの福音書にないいくつかの記述があります。そのうちの 1 つは、十字架上のイエスが「彼が愛した弟子」に、母の面倒を見るようにと指示したことです。「彼が愛した弟子」とは伝統的にヨハネ自身のことだとされてい

ます（ヨハネ19章26、27節）。ヨハネだけがイエスの優しい言葉と母への気遣いを記録しています。

他の福音書にはない記述のもう１つは、一緒に十字架に架けられた他の２人のようにイエスの脚を折らず、その代わり槍でイエスのわき腹を突き刺した兵士についての描写です（19章32〜34節）。ヨハネは、ゼカリヤ12章10節に言及して「これは聖書の言葉が実現するためであった」と説明しています。

私たちはまた、イエスのわき腹が突き刺されたときに「血と水とが溢れ出た」ということを学びました。実際、このことは、イエスが死んでいたという決定的な証拠で、イエスは本当は死んでいなかったという説を論拠に後にイエスの復活を否定しようとする懐疑論者に答えているのです。また、象徴として、この血と水とは聖体または聖体拝領と洗礼を表わすという人もいます。

イエスが十字架に架けられた後で、アリマタヤ出身のヨセフが、イエスを埋葬してよいかどうかをピラトに尋ねます。ピラトは許しを与え、ヨセフは、ニコデモと一緒に埋葬のためにイエスの体に準備を施します（19章38〜40節）。彼らは２人ともユダヤ議会の議員であり、イエスの密かな弟子でした。ここでニコデモの関わりについて言及している福音書記者はヨハネだけです。彼はまた、イエスとニコデモの出会いについてもヨハネ３章で記録しています。この３章に、聖書の中で最も有名な言葉、3章16節も含まれています。

「神は、その独り子をお与えになったほどに、世を愛された。独り子を信じる者が一人も滅びないで、永遠の命を得るためである。」

MEDITATIO …黙想する

この受難物語から、イエスについて私たちは何を学べるでしょうか。何があなたの心に一番響くでしょうか。そしてそれはなぜですか。

イエスはピラトに答えて「わたしは真理について証しをするために生まれ、そのためにこの世に来た。真理に属する人は皆、わたしの声を聞く」（18章37節）と言います。イエスが語る「真理」とは何でしょうか。あなたはいまもイエスに耳を傾けているでしょうか。

イエスは十字架上で死の苦しみと辱めに耐えました。このことは、あなたの生き方にどんな影響を生じさせるでしょうか。

イエスが「成し遂げられた」と言ったとき、何を意味したのでしょうか。今日、あなたにとってこの出来事はどんな意味を持ちますか。

ORATIO …祈る

イザヤ52章13節〜53章12節を祈りのうちに読んでみましょう。私たちの咎のために刺し貫かれ、私たちの罪のために打ち砕かれた受難の僕を賛美しましょう。あなたのためにイエスが十字架上で成し遂げてくださった全てのことに感謝しましょう。あなたが自由になれるように代償を支払った愛情に満ちた主に、あなたの重荷と罪を明

け渡しましょう。

 # CONTEMPLATIO …観想する

　「だから、憐れみを受け、恵みにあずかって、時宜にかなった助けをいただくために、大胆に恵みの座に近づこうではありませんか。」(ヘブライ4章16節)

　ヘブライ4章14〜16、5章7〜9節を読みましょう。これらの節は私たちが信仰をしっかり保つ(4章14節)ために勇気を与え、また強めてくれます。

　私たちの人間の弱さを理解し、この世に罪なくして住まわれ、そして「御自分に従順であるすべての人々に対して、永遠の救いの源」(5章9節)である大祭司イエスについて黙想してみましょう。

喜びに満たされて

マタイによる福音書28章1～10節

¹ さて、安息日（あんそくび）が終わって、週の初めの日の明け方に、マグダラのマリアともう一人のマリアが、墓を見に行った。² すると、大きな地震が起こった。主の天使が天から降（くだ）って近寄り、石をわきへ転がし、その上に座ったのである。³ その姿は稲妻のように輝き、衣は雪のように白かった。⁴ 番兵たちは、恐ろしさのあまり震え上がり、死人のようになった。⁵ 天使は婦人たちに言った。「恐れることはない。十字架につけられたイエスを捜しているのだろうが、⁶ あの方は、ここにはおられない。かねて言われていたとおり、復活なさったのだ。さあ、遺体の置いてあった場所を見なさい。⁷ それから、急いで行って弟子たちにこう告げなさい。『あの方は死者の中から復活された。そして、あなたがたより先にガリラヤに行かれる。そこでお目にかかれる。』確かに、あなたがたに伝えました。」⁸ 婦人たちは、恐れながらも大いに喜び、急いで墓を立ち去り、弟子たちに知らせるために走って行った。⁹ すると、イエスが行く手に立っていて、「おはよう」と言われたので、婦人たちは近寄り、イエスの足を抱き、その前にひれ伏した。¹⁰ イエスは言われた。「恐れることはない。行って、わたしの兄弟たちにガリラヤへ行くように言いなさい。そこでわたしに会うことになる。」

他の朗読：ローマ 6:3～11　詩編 118:1, 2, 16, 17, 22, 23

 LECTIO…読む

　これはマタイによる福音書の復活の物語です。そこで私たちはイエスの勝利、即ち、私たちのために十字架上で亡くなられたとき、イエスがどのように死と罪に永遠に打ち勝ったのかを学びます。私たちの体の復活は終末のときまで起こらないでしょうが、私たちは既に今その勝利を手にしています。

　婦人たちが、イエスが生きていると発見したときのことを、マタイは簡単な言葉で記述しています。しかし、これらの簡単な言葉のひとつひとつがつなぎあわされることで、イエスは生きている、と発見したときに婦人たちが経験したに違いない驚きがはっきりと伝わります。

　マタイは次の状況を描きます。地震があり、それから主の天使が降りてきて、大きな石を脇へ転がしました。番兵たちは恐れで震え上がり、そして「死人」のようにな

りました。彼らはおそらく恐れに凍りついてしまったのでしょう。話すことも動くことも
できませんでした。

2人の婦人たちは、おそらく深い悲しみにくれ、追悼のためにその墓に行きます。
彼女らは復活したイエスに出会うことなどまったく予期していません。

2人の婦人たちの反応を見て、天使は恐れることはないと伝え、イエスはもはや死ん
だ状態になく、かねて言われていたとおりに復活されたと説明します。

天使は婦人たちに空になった墓を見せます。そして、イエスが死から復活されたと
いう、この劇的な知らせを伝えるために弟子たちのところに送り帰します。

帰り道で婦人たちは、イエスと顔を合わせます。婦人たちは空になった墓と、それ
が意味する真実の最初の証人です。誰かが神を冒涜してイエスの体を盗んだから墓が
空だったのではありません。イエスが死から復活されたからなのです。

今日の朗読箇所の後の節で（11～15節）、番兵たちは、彼らが見たことを祭司長た
ちに報告したことが分かります。すると彼らは緊急会議を招集します。祭司たちは番
兵たちが本当に見たことについて黙っているようにと多額の金を与えます。番兵たちは
代わりにうそをついて、自分たちが寝ている間に弟子たちがイエスの体を盗んだのだ、
と言うことにします。

 # MEDITATIO …黙想する

教会生活において、この素晴らしい復活の日を記念する中で、2人の婦人たちがイエ
スに出会ったとき、どんなに驚き、興奮したかを想像してみましょう。

あなたが「復活した」イエスに初めて出会った場合を想像してみましょう。イエスの
復活に出会うことで、あなたの信仰と驚きは大きくなったでしょうか、それとも小さく
なったでしょうか。

2人の婦人たちと番兵たちとを比べて考えてみましょう。どちらも人間の歴史の中で
決定的な意味を持つ出来事を目撃しました。婦人たちはよい知らせを宣べます。番兵
たちはそれを隠すためにうそをつきます。このことから私たちは何を学ぶことができる
でしょうか。

 # ORATIO …祈る

イエスの復活に対する思いはキリスト者の信仰の根本的な部分です。ローマ6章3
～11節を通して祈りましょう。そして神に、これらの約束をあなたの心と経験の中で
生きたものとしてくださるように願いましょう。

 # CONTEMPLATIO …観想する

復活の本当の意義を知りたいと思っている友人のために、あなたはこの出来事
をどのように表しますか。重要な出来事を整理しそれらを覚えておくために、詳

細を書き留めてみましょう。

復活したキリストに出会う

ヨハネによる福音書20章19〜31節

¹⁹ その日、すなわち週の初めの日の夕方、弟子たちはユダヤ人を恐れて、自分たちのいる家の戸に鍵（かぎ）をかけていた。そこへ、イエスが来て真ん中に立ち、「あなたがたに平和があるように」と言われた。²⁰ そう言って、手とわき腹とをお見せになった。弟子たちは、主（しゅ）を見て喜んだ。²¹ イエスは重ねて言われた。「あなたがたに平和があるように。父がわたしをお遣わしになったように、わたしもあなたがたを遣わす。」²² そう言ってから、彼らに息を吹きかけて言われた。「聖霊（せいれい）を受けなさい。²³ だれの罪でも、あなたがたが赦せば、その罪は赦される。だれの罪でも、あなたがたが赦さなければ、赦されないまま残る。」

²⁴ 十二人の一人でディディモと呼ばれるトマスは、イエスが来られたとき、彼らと一緒にいなかった。²⁵ そこで、ほかの弟子たちが、「わたしたちは主を見た」と言うと、トマスは言った。「あの方の手に釘（くぎ）の跡を見、この指を釘跡（くぎあと）に入れてみなければ、また、この手をそのわき腹に入れてみなければ、わたしは決して信じない。」²⁶ さて八日の後、弟子たちはまた家の中におり、トマスも一緒にいた。戸にはみな鍵がかけてあったのに、イエスが来て真ん中に立ち、「あなたがたに平和があるように」と言われた。²⁷ それから、トマスに言われた。「あなたの指をここに当てて、わたしの手を見なさい。また、あなたの手を伸ばし、わたしのわき腹に入れなさい。信じない者ではなく、信じる者になりなさい。」²⁸ トマスは答えて、「わたしの主、わたしの神よ」と言った。²⁹ イエスはトマスに言われた。「わたしを見たから信じたのか。見ないのに信じる人は、幸いである。」

³⁰ このほかにも、イエスは弟子たちの前で、多くのしるしをなさったが、それはこの書物に書かれていない。³¹ これらのことが書かれたのは、あなたがたが、イエスは神の子メシアであると信じるためであり、また、信じてイエスの名により命を受けるためである。

他の朗読：使徒 2:42〜47　詩編 118:2〜4, 13〜15, 22〜24　Ⅰペトロ 1:3〜9

LECTIO…読む

　4つの福音書の中で私たちは、弟子たちと復活したキリストとの数多くの出会いの記述を見ることができます。教会の全ての信仰は、イエスの十字架上の死を目撃し、その後、復活したイエスに出会った人々の証言に基づいています。使徒パウロは、コリントのキリスト者たちの間の疑いに対してイエスの肉体的な復活を強く擁護しています（Ⅰコリント15章）。

　イエスの復活は、それまでのイエスご自身の言葉や行いの全てが間違っていなかったことを確信させました。それはまた、神の子イエスへの弟子たちの信仰を確かなものとしたのです。

　イエスが他の弟子たちに現れたとき、トマスはその場にいませんでした。そのため他の弟子たちの証言を受け入れようとしません。トマスは自分自身で復活したイエスを見、彼の傷に触れたいと思います。イエスはトマスのわがままな条件を快く受け入れ許します。もちろんイエスは、信仰の賜物や神の言葉の証しを通して、毎日「私たちはイエスが死に、そして復活したことを信じます」と信仰宣言する他のキリスト者たちの純粋な証しによってイエスの復活を信じる、多くのキリスト者たちも心に留めています。

　この箇所でイエスはまた、人々を神との正しい関係に立ち帰らせ、「父がわたしをお遣わしになったように、わたしもあなたがたを遣わす」と言って、神の国の掟を広めるイエスの使命を受け継ぐ権限を弟子たちに与えます。このあとすぐに、聖霊の賜物が続きます。

　この箇所は信仰の明らかな宣言で終わります。本当の命は、イエスへの信仰を通してのみ生きることができるのです。

 # MEDITATIO…黙想する

　あなたは、復活したキリストに出会い、キリストの主権と神性を受け入れましたか。どのようにしてイエスをあなたの主、あなたの神として受け入れるようになりましたか。

　あなたのイエスへの信仰は単に形式的な、あるいは知識的なものになってはいないでしょうか。あなたのイエスへの信仰は、毎日の生活にどのような影響を与えているでしょうか。

　イエスがあなたを遣わしたのは、何をするためだと感じていますか。その中で聖霊はどのような役割を果たしていますか。

 # ORATIO…祈る

　祈りの内に、あなたの生活を神にささげてみましょう。特に神の主権を認めるのが難しいと思う部分をささげましょう。どのような生活の部分であっても、神に差し出すときに「イエス、わたしの主、わたしの神よ」という言葉を祈りましょう。

CONTEMPLATIO …観想する

　この箇所の中でイエスは弟子たちに3度、「あなたがたに平和があるように」と言っています。この言葉はわたしたち皆に必要なものです。神の平和は私たちの心と思いとを守ります（フィリピ4章7節）。時間をかけて、神の平和によって新たにしていただきましょう。

開かれた目

ルカによる福音書24章13 〜 35節

¹³ ちょうどこの日、二人の弟子が、エルサレムから六十スタディオン離れたエマオという村へ向かって歩きながら、¹⁴ この一切の出来事について話し合っていた。¹⁵ 話し合い論じ合っていると、イエス御自身が近づいて来て、一緒に歩き始められた。¹⁶ しかし、二人の目は遮られていて、イエスだとは分からなかった。¹⁷ イエスは、「歩きながら、やり取りしているその話は何のことですか」と言われた。二人は暗い顔をして立ち止まった。¹⁸ その一人のクレオパという人が答えた。「エルサレムに滞在していながら、この数日そこで起こったことを、あなただけはご存じなかったのですか。」¹⁹ イエスが、「どんなことですか」と言われると、二人は言った。「ナザレのイエスのことです。この方は、神と民全体の前で、行いにも言葉にも力のある預言者(よげんしゃ)でした。²⁰ それなのに、わたしたちの祭司長たちや議員たちは、死刑にするため引き渡して、十字架につけてしまったのです。²¹ わたしたちは、あの方こそイスラエルを解放してくださると望みをかけていました。しかも、そのことがあってから、もう今日で三日目になります。²² ところが、仲間の婦人たちがわたしたちを驚かせました。婦人たちは朝早く墓へ行きましたが、²³ 遺体を見つけずに戻って来ました。そして、天使たちが現れ、『イエスは生きておられる』と告げたと言うのです。²⁴ 仲間の者が何人か墓へ行ってみたのですが、婦人たちが言ったとおりで、あの方は見当たりませんでした。」²⁵ そこで、イエスは言われた。「ああ、物分かりが悪く、心が鈍く預言者たちの言ったことすべてを信じられない者たち、²⁶ メシアはこういう苦しみを受けて、栄光に入るはずだったのではないか。」²⁷ そして、モーセとすべての預言者から始めて、聖書全体にわたり、御自分について書かれていることを説明された。

²⁸ 一行は目指す村に近づいたが、イエスはなおも先へ行こうとされる様子だった。²⁹ 二人が、「一緒にお泊まりください。そろそろ夕方になりますし、もう日も傾いていますから」と言って、無理に引き止めたので、イエスは共に泊まるため家に入られた。³⁰ 一緒に食事の席に着いたとき、イエスはパンを取り、賛美の祈りを唱え、パンを裂いてお渡しになった。³¹ すると、二人の目が開け、イエスだと分かったが、その姿は見えなくなった。³² 二人は、「道で話しておられるとき、また聖書を説明してくださったとき、わたしたちの心は燃えていたではないか」と語り合った。³³ そして、時を移さず出発して、エルサレムに戻ってみると、十一人とその仲間が集まって、³⁴ 本当に主(しゅ)は復活して、シモンに現れたと言っていた。³⁵ 二人も、道で起こったことや、パンを裂いてくださったときにイエスだと分かった次第を話した。

他の朗読：使徒 2:14, 22, 23　詩編 16:1, 2, 5, 7〜11　Ⅰペテロ 1:17〜21

 # LECTIO … 読む

　イエスの死から3日たちました。墓は開かれイエスの体はありません。3日目に復活するとイエスが約束していたにもかかわらず、その2人の弟子たちは希望を失った様子で、エマオに向けて旅立ちます。

　イエスが彼らと一緒になりますが、彼らはイエスに気がつきません。イエスはメシアの死と復活がどうして神の目的に欠かすことのできないものだったのか、聖書にはどのように記されているかを説明します。彼らの目が開かれるのは、イエスが彼らと一緒にパンを割いた時でした。

　彼らは他の弟子たちに告げるためにエルサレムに急いで帰ります。到着すると、イエスがシモンにも現れたことが分かります。ですからルカの記述によれば、この時点で復活したキリストの証人は3人です。この3人に加えて、イエスが天に昇る前にもっと多くの人々が証人になるのです。

 # MEDITATIO … 黙想する

　イエスは2人の弟子たちが落胆しているときにご自身を現します。私たちはこのことから何を学ぶことができるでしょうか。

　この箇所から他にどのような教訓を学ぶことができますか。

 # ORATIO … 祈る

　死と復活を通してあなたの罪のために代償を払ってくださったことをイエスに感謝しましょう。あなたの側にイエスが来て、あなたにご自身をもっと現してくださるように願いましょう。落胆していると感じていたり、信仰に疑問を持っているあなたの知人たちのために祈りましょう。

 # CONTEMPLATIO … 観想する

　2人の弟子たちは、仲間の弟子たちを勇気づけるためにエルサレムに戻ろうと、約11キロの夜道を歩きました。福音書のよい知らせと、それを他の人とどのように分かち合うことができるかをよく考えてみましょう。

羊飼いの声を聞く

ヨハネによる福音書10章1〜10節

¹「はっきり言っておく。羊の囲いに入るのに、門を通らないでほかの所を乗り越えて来る者は、盗人であり、強盗である。²門から入る者が羊飼いである。³門番は羊飼いには門を開き、羊はその声を聞き分ける。羊飼いは自分の羊の名を呼んで連れ出す。⁴自分の羊をすべて連れ出すと、先頭に立って行く。羊はその声を知っているので、ついて行く。⁵しかし、ほかの者には決してついて行かず、逃げ去る。ほかの者たちの声を知らないからである。」⁶イエスは、このたとえをファリサイ派の人々に話されたが、彼らはその話が何のことか分からなかった。

⁷イエスはまた言われた。「はっきり言っておく。わたしは羊の門である。⁸わたしより前に来た者は皆、盗人であり、強盗である。しかし、羊は彼らの言うことを聞かなかった。⁹わたしは門である。わたしを通って入る者は救われる。その人は、門を出入りして牧草を見つける。¹⁰盗人が来るのは、盗んだり、屠(ほふ)ったり、滅ぼしたりするためにほかならない。わたしが来たのは、羊が命を受けるため、しかも豊かに受けるためである。」

他の朗読：使徒 2:14, 36〜41　詩編 23:1〜6　Ⅰペトロ 2:20〜25

 LECTIO … 読む

　この箇所をさらに明確に理解するためには、続きである 10 章 11〜18 節を読む必要があります。1〜5 節でイエスは羊飼いのたとえ話を語り、7〜16 節ではその意味を説明します。

　イエスは、「わたしは」という言葉を 2 度使って、ご自身についての 2 つのたとえを示しています。7 節ではご自身を「門」として表し、11 節では「よい羊飼い」と表しています。

　イエスの教えに耳を傾けている人々にとって、神が羊飼いであり、ユダヤ人は羊であるという考え方は慣れ親しんだものであったことでしょう。ですからご自身を良い羊飼いと特徴づけることで、イエスはご自身を直接神と彼の羊たちを守り大事にする彼の役割とを結びつけているのです。

　羊飼いは羊たちを名前で知っており羊たちを導いてくださるとイエスはつけ加えます

（3節）。羊たちはイエスの声を聞き分けます。だから羊たちは羊小屋から連れ出され、イエスについて行くのです。行き先は多分、食べ物が与えられる牧草地です。11〜16節でイエスは、群れのためにご自分の命を捧げるときが来るであろうという真実をほのめかします。イエスはまた「他の羊たち」に言及します。異邦人の改宗者たちのことを言っていると思われますが、彼らもまたひとつの群れとして加えられるでしょう。

　良い羊飼いであることに加えて、イエスはまたご自分を羊たちの門として表しています。その門は羊小屋への唯一の正しい道です。イエスを通してのみ私たちは神の群れの一員になることができるのです。このことはヨハネによる福音書14章6節で「わたしは道であり、真理であり、命である。わたしを通らなければ、だれも父のもとに行くことができない」と要約されています（この箇所は次の主日の福音でもっと深く見ていきます）。

　イエスはまた、ご自分の使命を間違った預言者や偽の「メシア」の使命と比較しています。後者は盗み、屠ったり、滅ぼしたりします。素晴らしく対照的に、イエスは命を、豊かな命をもたらすのです（10節）。

 # MEDITATIO …黙想する

　ご自身を表すのに、イエスはなぜこれら2つのたとえを用いたのだと思いますか。それぞれのたとえはイエスについてあなたに何を告げているでしょうか。

　今日、イエスとあなたとの関係について何を学んだでしょうか。

　あなたはイエスをあなたの羊飼いとして受け入れていますか。あなたを導くイエスを、どんな時に体験しますか。あなたのためにイエスはどんな霊的な食べ物と水を提供しているでしょうか。

　あなたの羊飼いの声をもっとはっきりと聞き分けられるように、変えていかなければならないことが何かあるでしょうか。

 # ORATIO …祈る

　詩編23編は全ての詩編の中でも、おそらく一番読まれているものです。ひとつひとつの節を読み通しましょう。そして神への個人的な祈りとして用いましょう。

 # CONTEMPLATIO …観想する

　Iペトロ2章25節の次の一節をよく考えてみましょう。

　「あなたがたは羊のようにさまよっていましたが、今は、魂の牧者であり、監督者である方のところへ戻って来たのです。」

道

ヨハネによる福音書14章1〜12節

¹「心を騒がせるな。神を信じなさい。そして、わたしをも信じなさい。² わたしの父の家には住む所がたくさんある。もしなければ、あなたがたのために場所を用意しに行くと言ったであろうか。³ 行ってあなたがたのために場所を用意したら、戻って来て、あなたがたをわたしのもとに迎える。こうして、わたしのいる所に、あなたがたもいることになる。⁴ わたしがどこへ行くのか、その道をあなたがたは知っている。」⁵ トマスが言った。「主よ、どこへ行かれるのか、わたしたちには分かりません。どうして、その道を知ることができるでしょうか。」⁶ イエスは言われた。「わたしは道であり、真理であり、命である。わたしを通らなければ、だれも父のもとに行くことができない。⁷ あなたがたがわたしを知っているなら、わたしの父をも知ることになる。今から、あなたがたは父を知る。いや、既に父を見ている。」⁸ フィリポが「主よ、わたしたちに御父をお示しください。そうすれば満足できます」と言うと、⁹ イエスは言われた。「フィリポ、こんなに長い間一緒にいるのに、わたしが分かっていないのか。わたしを見た者は、父を見たのだ。なぜ、『わたしたちに御父をお示しください』と言うのか。¹⁰ わたしが父の内におり、父がわたしの内におられることを、信じないのか。わたしがあなたがたに言う言葉は、自分から話しているのではない。わたしの内におられる父が、その業を行っておられるのである。¹¹ わたしが父の内におり、父がわたしの内におられると、わたしが言うのを信じなさい。もしそれを信じないなら、業そのものによって信じなさい。¹² はっきり言っておく。わたしを信じる者は、わたしが行う業を行い、また、もっと大きな業を行うようになる。わたしが父のもとへ行くからである。」

他の朗読：使徒 6:1〜7　詩編 33:1, 2, 4, 5, 18, 19　Ⅰペトロ 2:4〜9

 # LECTIO…読む

　本日の箇所は、エルサレムで過越祭の食事の頃になされた会話です。イエスは、差し迫った逮捕と十字架刑が、ご自分の弟子たちにとって厳しい試練になることを知っていました。

また、イエスの言葉はあいまいですが2～4節は天について言及していると考えられます。イエスは十字架につけられた後死から復活し、天の父と一緒になることも知っていました。

弟子たちへの約束は、彼らもまた死んだ後天でイエスと一緒になるであろう、ということです。ただイエスはこのことを明確な言葉で示してはいません。

イエスが道であり、真理であり、命であり、父への唯一の道であるという、トマスへの答えは、おそらく当時の弟子たちには何のことか分からなかったことでしょう。

フィリポとのやりとりの中で、イエスはご自身と父なる神との一致に焦点を当てます。これは弟子たちが理解するのには難しい概念です。事実、三位一体の神秘は、そのごく表面に触れるだけでも何世紀もの教会の黙想と洞察とを必要としました。しかしイエスは、イエスを見た者は御父を見たのだ、と指摘しています。父なる神がどのような方であるかを、私たちはイエスの中に見ることができるのです。

今日の朗読箇所は、イエスが行うよりももっと大きなことをご自身に続く者たちが行うであろうという、非常に興味をそそるイエスの発言で終わります。このことは、これから別の主日に読むことになる聖霊の賜物と結びついています。

この会話の一番初めに、イエスが弟子たちに与えた忠告を思い出してみることは有益です。

「心を騒がせるな。神を信じなさい。そして、わたしをも信じなさい。」

 # MEDITATIO … 黙想する

イエスはいかにして道であり、真理であり、命であり、父への唯一の道であるのでしょうか。

イエスはあなた個人にとって道であることを、どのように証ししてくれましたか。

この箇所から、神を信頼することについて何を学ぶことができるでしょうか。どのようにしてあなたの毎日の生活に応用できますか。

 # ORATIO … 祈る

詩編33編は神の誠実さについて語っています。詩編の箇所を全て読み、祈りの中で神に応えてみましょう。弟子たちのように、私たちはいつも理解できるとは限りませんが、神は誠実な方であり、善であるという確信を持つことができるでしょう。

 # CONTEMPLATIO … 観想する

「この主のもとに来なさい。主は、人々からは見捨てられたのですが、神にとっては選ばれた、尊い、生きた石なのです。あなたがた自身も生きた石として用いられ、霊的な家に造り上げられるようにしなさい。そして聖なる祭司となって神に喜ばれる霊的ないけにえを、イエス・キリストを通して献げなさい。聖書にこう書いてあるからです。

『見よ、わたしは、選ばれた尊いかなめ石を、
シオンに置く。
これを信じる者は、決して失望することはない。』」
　Ⅰペトロ２章４〜６節のこれらの言葉をよく考えてみましょう。神の国のかなめ石としてのイエスについて思い巡らしてみましょう。どうしたらあなたが神の神殿で「生きた石」でありうるのかを神に尋ねてみましょう。

お金では買えない贈り物

ヨハネによる福音書14章15〜21節

¹⁵「あなたがたは、わたしを愛しているならば、わたしの掟を守る。¹⁶ わたしは父にお願いしよう。父は別の弁護者を遣わして、永遠にあなたがたと一緒にいるようにしてくださる。¹⁷ この方は、真理の霊である。世は、この霊を見ようとも知ろうともしないので、受け入れることができない。しかし、あなたがたはこの霊を知っている。この霊があなたがたと共におり、これからも、あなたがたの内にいるからである。¹⁸ わたしは、あなたがたをみなしごにはしておかない。あなたがたのところに戻って来る。¹⁹ しばらくすると、世はもうわたしを見なくなるが、あなたがたはわたしを見る。わたしが生きているので、あなたがたも生きることになる。²⁰ かの日には、わたしが父の内におり、あなたがたがわたしの内におり、わたしもあなたがたの内にいることが、あなたがたに分かる。²¹ わたしの掟を受け入れ、それを守る人は、わたしを愛する者である。わたしを愛する人は、わたしの父に愛される。わたしもその人を愛して、その人にわたし自身を現す。」

他の朗読：使徒 8:5〜8, 14〜17　詩編 66:1〜7, 16, 20　Ⅰペトロ 3:15〜18

 # LECTIO …読む

　ヨハネによる福音書のこの朗読箇所は、過越祭の食事と、最も親しい友人たちと弟子たちへ残したイエスの最後の教えとして、最も中心的なところまで私たちを導いてくれます。

　イエスは、弟子たちとの関係において、また自分が去った後、御父が弟子たちに聖霊を遣わすときに何がおこるかについて、いくつかの重要なポイントを指摘します。

　聖霊が降ると、それからは弟子たちひとりひとりと永遠に共にいることを保証します（16、17 節）。世間や信仰のない者は、神を見ることも、知ることもできないので聖霊を受け取ることができませんが弟子たちは受け取るでしょう。聖霊は、イエスに加えて与えられる「別の弁護者」と呼ばれています。

　多くの意味において、世の中は弟子たちやイエスに敵対していますが、ヨハネはその話題を発展させない選択をしています。

　イエスは、世に戻ってこられることについてはあまり詳細には説明せず、ただ「あなたがたのために戻ってくる」という約束を弟子たちに残します。ですからイエスの復活と再臨はこの 18 節で約束されています。これらの節は、迫りつつある嵐に立ち向かわ

なければならない、ご自身の愛する弟子たちに、イエスが抱いている深い思いやりを表しています。

この愛のレッスンの中にまとめられているのは、弟子たちがイエスへの愛を生き抜くようにというイエスの招きです。一方でイエスは、得られる限り全ての助けが弟子たちに必要であることを知っています。そのためイエスは弟子たちに代わって御父に向かい、聖霊の賜物を願うのです。

聖霊はイエスを愛する人々、またイエスの命じたことを守る人々を愛します。聖霊はまた、時として難しいイエスとその掟に従う道を弟子たちがたどり続けられるように、弁護者、助け手、そして教師として働きます。

これらのテーマの全てが美しく織り込まれた豊かな教訓となってイエスの教えを描き出しています。そして教えについての大きなまとまりの中の一部としてあるごく短い言葉の内に、複雑な考えが素晴らしい平易さと明確さで私たちに説明されているのです。

 # MEDITATIO … 黙想する

聖霊は色々な役割を持っていますが、イエスは「神についての真実」を現すために、おそらく一番重要なことを17節の中で指摘しています。私たちの神の見方はいとも簡単にゆがめられてしまうので、神の真実の姿を絶えず思い起こす必要があります。神の本質についての私たちの理解が深ければ深いほど、愛と従順はたやすく溢れるようになります。時間を取ってこのことをよく考えてみましょう。

聖霊はあなたの神との関係の中でどんな役割を演じていますか。この関係を維持するために、あなたは何かしているでしょうか。どんなときに聖霊の導きを一番感じるでしょうか。

 # ORATIO … 祈る

今日の典礼は詩編66編、あるいはその一部を、神への賛美として用いています。神を讃えるためにこの詩編からのいくつかの節を用いてみましょう。あるいはあなた自身の賛美の歌を口にしたり、書いたりしてみましょう。またはその代わりに、あなたの賛美を表現するために簡単な絵を描いてみましょう。

過ぎた週の出来事についてよく考えてみましょう。良いことであれ悪いことであれ、起ったことの全てを通して神があなたと共におられたことを讃えましょう。

 # CONTEMPLATIO … 観想する

今日の教えのどのテーマがあなたの心と精神に一番触れましたか。神はあなたに何を見て欲しいのか、あなたにどのように応えて欲しいのかを示してくださるよう、聖霊に願いましょう。

偉大な権能

マタイによる福音書28章16 〜 20節

[16] さて、十一人の弟子たちはガリラヤに行き、イエスが指示しておかれた山に登った。[17] そして、イエスに会い、ひれ伏した。しかし、疑う者もいた。[18] イエスは、近寄って来て言われた。「わたしは天と地の一切の権能を授かっている。[19] だから、あなたがたは行って、すべての民をわたしの弟子にしなさい。彼らに父と子と聖霊の名によって洗礼［バプテスマ］を授け、[20] あなたがたに命じておいたことをすべて守るように教えなさい。わたしは世の終わりまで、いつもあなたがたと共にいる。」

他の朗読：使徒 1:1〜11　詩編 47:2, 3, 6〜9　エフェソ 1:17〜23

 ## LECTIO…読む

　本日の福音はマタイによる福音書の最後の部分です。この箇所はマタイによる福音書10章の物語を補足しています。10章でイエスは12人の弟子たちを訓練して、彼らに最初の短い使命を与えて派遣しました。

　10章と28章の2つの本文は、イエスが初期の弟子たちに偉大な権能を持たせて派遣したとき弟子たちが何を理解していたかを知るために、両方一緒に読むべきところです。最初に権能を与えられたときには、弟子たちの使命は「イスラエルの家の失われた羊」に限られています。そして弟子たちは異邦人の道に行ってはならない、またサマリア人の町に入ってはならないと明確に命じられました。しかし復活の後ではこの制限が解かれ、イエスはすべての民と福音を分かち合うように弟子たちに命じています。

　この出会いの物語は、復活の物語の全ての特色を有しています。イエスはご自身が選ばれた弟子たちと、ご自身が選ばれた場所で出会われました。イエスに会い、ひれ伏す者がいる一方で疑う者もいました。この記述では、イエスはご自分が幽霊ではなく、実在するものであるという証明はもはやさらず、焦点は今後の使命に当てられています。

　イエスは、自分は「天と地の一切の権能を授かっている」と宣言します。そして、その権能は神が授けたものであるということも明確にされています。この権能に基づき、イエスは弟子たちに「すべての民」のところに行くように命じます。

　イエスの権能は世界の全ての人々に福音を説くこと、そして「彼らを自分の弟子にすること」を含みます。三位一体の、すなわち「父と子と聖霊」の名による洗礼を受けることで弟子たる資格が与えられます。別の言葉で言えば、信じる人々が教会の一員

になるのです。そしてこの新しい弟子たちに、受難と死の前の数年の間にイエスが与えた教えを理解し、生きるように教えるというプロセスが始まります。

　この時点では、イエスは弟子たちにこの権能をどのように遂行するかの指示は与えていません。しかし、使徒言行録1章で読んだように、弟子たちがこの使命を遂行できるように、聖霊が注がれるのです。

　マタイによる福音書は、イエスは世の終わりまでいつも弟子たちと共にいる、という約束で終わります。どのようにして、という詳細の説明はなく、ただ保証だけを与えます。イエスの約束は、そのメッセージのことば通り、今日の私たちのためにあり、また永遠のものなのです。

 # MEDITATIO …黙想する

　この偉大な権能について、あなたはどんなことを理解していますか。

　この偉大な権能に参加しようとするとき、あなたの周りに誰か見えるでしょうか。

　この権能を成し遂げるために、あなた自身は自分の役割をどのように果たしているでしょうか。

　今日も私たちと共にいるという約束を、イエスはどのように果たしていると思いますか。

 # ORATIO …祈る

　使徒言行録1章1〜11節を祈りの内に読むことで、偉大な権能の力と不思議さの中に、より深く入って行きましょう。あなたがイエスの言葉を分かち合うことのできる誰かについて、神に語りかけていただきましょう。私たちと共にいて、私たちを助けるために聖霊を遣わしてくださるという、イエスの約束を思い起こしましょう。

 # CONTEMPLATIO …観想する

　エフェソ1章17〜23節を数回読んで、その素晴らしいみことばを吸収しましょう。17節は、先週ヨハネによる福音書14章17節で読んだ、私たちが神を知るようになるために、聖霊が神を明らかにする役割を果たしていることについて繰り返しています。

　数分、時間を取ってイエスに与えられた権能についてよく考え、あなたの信仰を強めていただきましょう。

　「キリストを…すべての支配、権威、勢力、主権の上に置き、今の世ばかりでなく、来るべき世にも唱えられるあらゆる名の上に置かれました。」（20、21節）

聖霊の賜物

ヨハネによる福音書20章19〜23節

¹⁹ その日、すなわち週の初めの日の夕方、弟子たちはユダヤ人を恐れて、自分たちのいる家の戸に鍵(かぎ)をかけていた。そこへ、イエスが来て真ん中に立ち、「あなたがたに平和があるように」と言われた。²⁰ そう言って、手とわき腹とをお見せになった。弟子たちは、主を見て喜んだ。²¹ イエスは重ねて言われた。「あなたがたに平和があるように。父がわたしをお遣わしになったように、わたしもあなたがたを遣わす。」²² そう言ってから、彼らに息を吹きかけて言われた。「聖霊(せいれい)を受けなさい。²³ だれの罪でも、あなたがたが赦せば、その罪は赦される。だれの罪でも、あなたがたが赦さなければ、赦されないまま残る。」

他の朗読：使徒 2:1〜11　詩編 104:1, 24, 29〜31, 34　Ⅰコリント 12:3〜7, 12, 13

 ## LECTIO …読む

今日私たちが祝うのは、聖霊降臨（復活の主日の50日後の出来事）ですが、今日の福音朗読は、イエスが死から復活したまさにその日の聖霊との出会いに焦点をあてています。

イエスの死から3日たちました。弟子たちはユダヤ人を恐れて、家の戸に鍵をかけて隠れて目立たないようにしていました。

続いて朗読は、復活したイエスが告げたことと、行ったことを述べます。イエスは「あなたがたに平和があるように」（ユダヤ人の間では、通常の挨拶の言葉）と言って弟子たちに挨拶します。イエスはご自分の苦しみの体験や、弟子たちがイエスの逮捕後にご自分を見捨てたという事実については何も触れません。

それからイエスは手とわき腹を弟子たちに見せます。そこには十字架に架けられた、目に見える証拠があります。彼の復活した体は苦しみの痕がありました。おそらく、イエスはご自分が本物であるということを見せたかったのでしょう。変化してはいるが、それでも同じだということを。イエスの傷痕は、彼が幽霊でないことを明らかにしていました。生きたイエスが、弟子たちの真ん中に立っていたのです。

それから、御父からいただいたイエスの使命を受け継ぐ権能と、弟子たちの使命が続きます（21節）。驚くことに、訓戒するためよりも、むしろ罪の赦しをもたらすために弟子たちは派遣されるのです。悔い改めと赦しを通して神と和解することは、正に福音書の真髄です。

プロテスタント教会では異なる解釈がなされますが、カトリック教会にとって21節は、

告白された罪を赦す教会の権能の基盤とされています。イエスは、教会が赦しの秘跡をどのように組織するかは述べません。教会が定めることになっている典礼の指示もありません。イエスは、教会が人々の罪を赦すならば、神も赦し、もし教会がこの赦しを拒否するなら神もまたその罪を赦さないだろうとだけ言っています。

　長い歴史を通して、教会はこの秘跡を色々方な方法で行ってきました。しかし、いつでもそれは、赦しを必要としている個々人に教会を通して与えられる、神の賜物なのです。

　この権能を与える前に、イエスは弟子たちに息を吹きかけて「聖霊を受けなさい」と言います。ですから、この権能は聖霊の力と導きを通してのみ行われるべきなのです。

 # MEDITATIO …黙想する

　弟子たちが世の中の好奇の目から逃れ、隠れている状況を思い描いてみましょう。彼らは恐れていました。恐れの中で、突然イエスが部屋の中に立っていたのです。弟子たちにとってのこの出会いの意味を考えてみましょう。

　イエスが聖霊を授けるために弟子たちに息を吹きかけたことと、神が天地創造のとき人間に生命を吹き込んだこと（創世記 2 章 7 節）との対応についてよく考えてみましょう。

　イエスが罪を赦す権能を教会に与えたことについて、どのように感じますか。

 # ORATIO …祈る

　あなたが罪への赦しを求めるとき、おそらくは赦しの秘跡の中で、聖霊がその愛情に満ちた光をあなたの心の中に輝かせ、あなたを導いてくれるように願いましょう。ヨハネ 1 章 9 節の言葉は、あなたに励ましを与えるでしょう。

　「自分の罪を公に言い表すなら、神は真実で正しい方ですから、罪を赦し、あらゆる不義からわたしたちを清めてくださいます。」（9 節）

　神を喜ばせる生き方ができるよう、聖霊に助けを願いましょう。

 # CONTEMPLATIO …観想する

　使徒言行録 2 章 1〜11 節を読み、聖霊が力を持って弟子たちの上にやってきて、一日のうちに何千人もの人々が教会に加えられた光景を想像してみましょう。

　そして I コリント 12 章を読んで、今日のあなたの生活の中での聖霊の働きをよく考えてみましょう。

神はこれほどに愛された

ヨハネによる福音書3章16〜18節

「[16] 神は、その独り子をお与えになったほどに、世を愛された。独り子を信じる者が一人も滅びないで、永遠の命を得るためである。[17] 神が御子を世に遣わされたのは、世を裁くためではなく、御子によって世が救われるためである。[18] 御子を信じる者は裁かれない。信じない者は既に裁かれている。神の独り子の名を信じていないからである。」

他の朗読：出エジプト 34:4〜6, 8, 9　ダニエル 3:52〜56　Ⅱコリント 13:11〜13

 ## LECTIO …読む

　今日の福音は短い文章ですが、聖書の中でも最も有名な箇所の一部です。というのは、これらの言葉がキリスト者としての命への門戸を開いたからです。

　よく見てみると、ここで話しているのが誰かについて、はっきりとはしません。そしてギリシア語の原文からは別の解釈も可能です。ニコデモとの会話を続けているイエス自身ともとれますし（1〜13節）、福音書記者が自分自身の見解を加えているともとれるのです。

　すぐ前の2つの節がこの解釈を深めるのに役立ちます。神を信じるすべての人が永遠の命を持つように「上げられる」人の子についての言及です（「上げられる」とは十字架とイエスの昇天という2つの意味があります）。直接的な言及は民数記21章6〜9節の説明に対してなされています。イスラエルの民は罪を犯し毒蛇によって罰せられました。モーセは民のためにとりなし、神はモーセに蛇を作り旗竿に掲げるように命じます。銅の蛇を見た人々は癒され、彼らの命は救われました。旗竿に掲げられた蛇のシンボルは今日でもある国々では癒しのシンボルとして残り、様々な医療機関で用いられています。掲げられた蛇とイエスとの対比の意味は明らかです。全ての人間は死に至る病に打たれるが救いはある、すなわちイエスとイエスが十字架上で罪に打ち勝たれたことを信じることによって救われる、ということなのです。

　この箇所は父なる神と御子についての素晴らしい洞察を私たちに与えてくれます。神は、ある人々が信じているように人々の苦境に無関心な方ではありません。神は私たちを愛しており、ご自身の御子の地上での誕生と十字架の死を通してその愛を証明されました。このことはⅡペトロ3章9節で次のように繰り返されています。「　　人も滅びないで皆が悔い改めるようにと、あなたがたのために忍耐しておられるのです。」

　イエスの基本的な目的は、裁きよりもむしろ救いをもたらすことです。しかし、私た

ちはイエスにどう応えるかによって裁かれます。イエスを信じてついていくなら、光の中で生きることができるでしょう。しかし暗闇の中に留まることを選んだ人々はその結果を背負わなければなりません。

 ## MEDITATIO …黙想する

これらの箇所はあなたに何を語りかけるでしょうか。

時間をとって神のあなた個人への愛、そしてすべての人への愛を思い巡らしてみましょう。

キリスト者になることに興味を持っている誰かに、あなたならこの箇所をどのように説明しますか。

 ## ORATIO …祈る

「主は彼の前を通り過ぎて宣言された。『主、主、憐れみ深く恵みに富む神、忍耐強く、慈しみとまことに満ち、幾千代にも及ぶ慈しみを守り、罪と背きと過ちを赦す者。しかし罰すべき者を罰せずにはおかず、父祖の罪を、子、孫に三代、四代までも問う者。』」（出エジプト34章6、7節）

賛美と感謝をささげながら、神に応えてみましょう。聖霊に、あなたが告白する必要がある罪を示してくださるように願いましょう。神の愛と赦しを必要としている人々のためにとりなしの祈りをしましょう。

 ## CONTEMPLATIO …観想する

Ⅰヨハネ4章10～14節を黙想してみましょう。あなたはどう思いますか。

「わたしたちが神を愛したのではなく、神がわたしたちを愛して、わたしたちの罪を償ういけにえとして、御子をお遣わしになりました。ここに愛があります。愛する者たち、神がこのようにわたしたちを愛されたのですから、わたしたちも互いに愛し合うべきです。いまだかつて神を見た者はいません。わたしたちがお互いに愛し合うならば、神はわたしたちの内にとどまってくださり、神の愛がわたしたちの内で全うされているのです。

神はわたしたちに、御自分の霊を分け与えてくださいました。このことから、私たちが神の内にとどまり、神もわたしたちの内にとどまってくださることが分かります。わたしたちはまた、御父が御子を世の救い主として遣わされたことを見、またそのことを証ししています。」

命のパン

ヨハネによる福音書6章51〜58節

「⁵¹ わたしは、天から降って来た生きたパンである。このパンを食べるならば、その人は永遠に生きる。わたしが与えるパンとは、世を生かすためのわたしの肉のことである。」

⁵² それで、ユダヤ人たちは、「どうしてこの人は自分の肉を我々に食べさせることができるのか」と、互いに激しく議論し始めた。⁵³ イエスは言われた。「はっきり言っておく。人の子の肉を食べ、その血を飲まなければ、あなたたちの内に命はない。⁵⁴ わたしの肉を食べ、わたしの血を飲む者は、永遠の命を得、わたしはその人を終わりの日に復活させる。⁵⁵ わたしの肉はまことの食べ物、わたしの血はまことの飲み物だからである。⁵⁶ わたしの肉を食べ、わたしの血を飲む者は、いつもわたしの内におり、わたしもまたいつもその人の内にいる。⁵⁷ 生きておられる父がわたしをお遣わしになり、またわたしが父によって生きるように、わたしを食べる者もわたしによって生きる。⁵⁸ これは天から降って来たパンである。先祖が食べたのに死んでしまったようなものとは違う。このパンを食べる者は永遠に生きる。」

他の朗読：申命記 8:2, 3, 14〜16　詩編 147:12〜15, 19, 20　Ⅰコリント 10:16, 17

 LECTIO …読む

　ヨハネによる福音書6章は、イエスがパン（と魚）を物理的に増やし、5千人以上の人々に与えた奇跡で始まります。その翌日、会堂でイエスは永遠の命を与えるために神から送られた生きたパンについてさらに広く教えます。

　今日の福音朗読は、この教えの最後の部分で、「聖体」に焦点を当てています。厳密にいえば、「聖体—エウカリスティア」は感謝の祭儀を示すものです。それは、ミサの中で行われる、聖別されたパンと葡萄酒を受ける儀式を表します。カトリック信者は、パンと葡萄酒が聖別されると、それらはキリストの体と血となると信仰しています。他のキリスト者は異なった解釈をします。「最後の晩餐」の記念の象徴と理解しているのです。

　カトリック信者は、パンと葡萄酒がキリストの体、血へと変化することを「聖変化」と言っています。それは、まさに「信仰の神秘」です。福音書も神学的議論には立ち入っていません。ただ、カトリック教会は、最初に、このことについて解釈したトマス・

アクィナスの考えを採用しています。

　ヨハネ6章25～59節の全般的な教えは、もっと一般的なものに留まっています。イエスは「わたしが命のパンである」と宣言しています（35、48節）。荒れ野でイスラエルの民のために神が与えた、身体の必要を満たすマナと、救いのための霊的な必要を満たす人の子への信仰とを対比させているのです。イエスは、ご自身のメッセージの源が天にいる神にあることを示すために、「天から降って来る」という表現をたびたび用いています（38、41、51、58節）。

　40節は、この教えによって示される神の御心を次のように要約しています。「わたしの父の御心は、子を見て信じる者が皆永遠の命を得ることであり…」

 # MEDITATIO …黙想する

　イエスがご自分を命のパンであると述べていることの意義をよく考えてみましょう。

　イエスはあなたの命のパンですか？　それはあなたにとってどんな実際的な違いをもたらすでしょうか。

　感謝の祭儀、あるいは聖体拝領を祝うことは、あなたのキリスト者としての生活の中で、どのように重要なのでしょうか。

 # ORATIO …祈る

　祈りのうちにへりくだって、神の前に行きましょう。三位一体の神との相互の交わりの中で、イエスへの信仰を通して私たちが永遠の命を受け継ぐことができるように、ひとり子を「命のパン」として遣わされた神に感謝をささげましょう。この素晴らしい賜物に驚嘆しましょう。

 # CONTEMPLATIO …観想する

　「一同が食事をしているとき、イエスはパンを取り、賛美の祈りを唱えて、それを裂き、弟子たちに与えながら言われた。『取って食べなさい。これはわたしの体である。』また、杯を取り、感謝の祈りを唱え、彼らに渡して言われた。『皆、この杯から飲みなさい。これは、罪が赦されるように、多くの人のために流されるわたしの血、契約の血である。』」（マタイ26章26～28節）

　今週は毎日時間を取って、あなたが赦されるためにイエスの死によって支払われた贖いに感謝をささげましょう。

イエスの軛を負う

マタイによる福音書11章25～30節

²⁵ そのとき、イエスはこう言われた。「天地の主である父よ、あなたをほめたたえます。これらのことを知恵ある者や賢い者には隠して、幼子のような者にお示しになりました。²⁶ そうです、父よ、これは御心に適うことでした。²⁷ すべてのことは、父からわたしに任せられています。父のほかに子を知る者はなく、子と、子が示そうと思う者のほかには、父を知る者はいません。²⁸ 疲れた者、重荷を負う者は、だれでもわたしのもとに来なさい。休ませてあげよう。²⁹ わたしは柔和で謙遜な者だから、わたしの軛を負い、わたしに学びなさい。そうすれば、あなたがたは安らぎを得られる。³⁰ わたしの軛は負いやすく、わたしの荷は軽いからである。」

他の朗読：ゼカリヤ 9:9, 10　詩編 145:1, 2, 8～11, 13, 14　ローマ 8:9, 11～13

 LECTIO…読む

　本日の福音は短い朗読ですが、3つの独立した部分に分けられます。25、26節と27節、そして28～30節です。確かではありませんが、マタイは1つの考えに焦点を当てるために、イエスのこれらの言葉を一箇所に集めたのかもしれません。私たちがイエスの父なる神と、信じる者たちとの深い関係を理解できるように、とマタイは意図したのです。

　最初の部分（25、26節）は、イエスの「天地の主」である御父への感謝の祈りです。「天地」という言葉は被造物の全ての総称として使われています。ですから神の主権は完全で宇宙全体を通して広がっています。この神についての説明は、イエスの意図するところに見事に当てはまっています。この部分は、イエスやイエスの使命を信じるのを拒否する懐疑論者たちについて、イエスが話した直後に出てきます（20～24節）。イエスは、彼らは天にまで上げられないと言っています。別の言葉で言えば、人々はイエスを信じることによってのみ天国に入れるのです。

　神への信仰は、神ご自身が現してくださる賜物です。それは、私たちの教育や学習能力に基づくものではありません。無学な人々も神を信じることができます。一方、知恵があり、もしくは賢いと世の中の人々が考えているような人々が、神について完全に無知であることもあり得るのです。

　続く27節では、父なる神と子であるイエスとの間の特別な関係を表わしています。

お互いが相手を完全に理解しています。御父は全てをイエスに与えました。25節で物事を示されたのは御父でした。しかし、27節で御父を示しているのはイエスです。イエスは、御父を知ることは完全に御子に拠っているということを示しています。御父についての知識はイエスが与える賜物なので、イエスはこの知識を誰に分け与えるのか選びます。御父を知り、理解することをイエスが助けないなら、誰も御父についての知識を持っているかのように振舞うことはできないのです。

　3番目の部分（28～30節）で、疲れた者、重荷を負う者はだれでも自分のところに来なさい、休ませてあげよう、とイエスは招きます。イエスは「わたしの軛を負う」ようにと勧めています。軛とは、師が弟子に与える教えを表わしています。実際の軛は主人の命令の下、2頭の動物が一緒に働くのを確実にするために使われるものです。このイメージはイエスが責任ある立場にあり、弟子たちはイエスの指示に従う必要があることを伝えています。しかしイエスは私たちを優しく、そして謙虚に導き、その荷は軽いことを約束しています。

 # MEDITATIO …黙想する

　本日の御言葉の中で、最も心を打つのはどこですか。
　あなたは、イエスに従う「軛」を受け入れましたか。この軛は容易で軽いですか。
　あなたは、イエスに従う中でやすらぎを見つけましたか。
　イエスの優しさと謙虚さを表わすどんな例を思いつくことができますか。
　天地の主である神の素晴らしい力をよく考えてみましょう。あなたはどのように応えますか。

 # ORATIO …祈る

　神の思いやりと慈しみと誠実さを感謝し、ほめたたえるために詩編145編の言葉を用いてみましょう。
　あなたは黙想を通して父への洞察を身につけたかもしれません。しかし、もっと理解したいと思うところを見つけるかもしれません。さらに神に近づくためにあなたに恵みを与えてくれるよう、神に助けを願いましょう。

 # CONTEMPLATIO …観想する

　「あなたがたは、肉ではなく霊の支配下にいます。」（ローマ8章9節）
　私たちがイエスに従うならば、イエスの軛に従順に生きるのを助けるために、私たちに聖霊を与えてくれます。マタイ11章27～30節についてもっと黙想してみましょう。御言葉があなたの心の中に沈んでいくにまかせ、聖霊が導き、語りかけてくれるように願いましょう。

実を結ぶ

マタイによる福音書13章1～9、18～23節*

¹ その日、イエスは家を出て、湖のほとりに座っておられた。² すると、大勢の群衆がそばに集まって来たので、イエスは舟に乗って腰を下ろされた。群衆は皆岸辺に立っていた。³ イエスはたとえを用いて彼らに多くのことを語られた。「種を蒔く人が種蒔きに出て行った。⁴ 蒔いている間に、ある種は道端に落ち、鳥が来て食べてしまった。⁵ ほかの種は、石だらけで土の少ない所に落ち、そこは土が浅いのですぐ芽を出した。⁶ しかし、日が昇ると焼けて、根がないために枯れてしまった。⁷ ほかの種は茨の間に落ち、茨が伸びてそれをふさいでしまった。⁸ ところが、ほかの種は、良い土地に落ち、実を結んで、あるものは百倍、あるものは六十倍、あるものは三十倍にもなった。⁹ 耳のある者は聞きなさい。」

¹⁸「だから、種を蒔く人のたとえを聞きなさい。¹⁹ だれでも御国の言葉を聞いて悟らなければ、悪い者が来て、心の中に蒔かれたものを奪い取る。道端に蒔かれたものとは、こういう人である。²⁰ 石だらけの所に蒔かれたものとは、御言葉を聞いて、すぐ喜んで受け入れるが、²¹ 自分には根がないので、しばらくは続いても、御言葉のために艱難や迫害が起こると、すぐにつまずいてしまう人である。²² 茨の中に蒔かれたものとは、御言葉を聞くが、世の思い煩いや富の誘惑が御言葉を覆いふさいで、実らない人である。²³ 良い土地に蒔かれたものとは、御言葉を聞いて悟る人であり、あるものは百倍、あるものは六十倍、あるものは三十倍の実を結ぶのである。」

*マタイによる福音書13章1～23節を通して読むこともできる。

他の朗読：イザヤ 55:10, 11　詩編 65:10～14　ローマ 8:18～23

 LECTIO…読む

　イエスは、神についての非常に深い真実を教えるために、たとえ話、あるいは簡単な短い話をしばしば用います。イエスはたとえ話の基盤を、ごく普通の人間が経験することにおき、たいていの人々が知っている事柄を用いました。イエスのたとえ話は、常に簡単な筋書きと1つのメッセージを持っています。

　今日の朗読箇所でイエスは、種を蒔く人と蒔かれる種について、生き生きとした描

写をしています。このたとえ話の中で述べられているそれぞれの状況は、はっきりとした意味を持っています。それは、色々な人々が神の言葉と収穫の結果をどのように受け取るのかについて述べていると言えます。

イエスは人々を4つの型に分けています。この4つのグループのうちの3つは、神の御言葉が意図する実を結べないとみなします。理由は異なりますが、つまるところ結果は同じです。彼らは、メッセージは受け取りますが、それを自分の中に根付かせることができないからです。

ただ1つのグループの人々、「良い土地」はよく実がなります。それぞれの人々がそれぞれの量の実を結びますが、このグループは皆よく実がなるのです。

種を蒔く人の責任はよい種を蒔くことです。種を蒔く人は、どのくらい収穫があるかはわかりません。それは神のみが知っているのです。

 # MEDITATIO …黙想する

あなたは神の御言葉にどのように応えますか。4つの土地のどの型があなたを一番表わしていると感じますか。このこと全体についてどのように感じますか。

「良い土地に落ちたのは、立派な善い心で御言葉を聞き、よく守り、忍耐して実を結ぶ人たちである。」（ルカ8章15節）

ルカの「良い土地」の記述は、今日の箇所をよりよく理解するのを助けてくれますか。この一節から私たちはなにを学ぶことができますか。

どうすればあなたの生活の中で、より多くの実を結ぶことができるかをよく考えてみましょう。

 # ORATIO …祈る

祈りの中で、聖書を思い出し神に謙虚に応えてみましょう。大胆さを与え、あなたの信仰を分かち合う具体的な機会を示してくれるように神に願いましょう。

 # CONTEMPLATIO …観想する

あなたの司祭や牧師たちは、多大な個人的犠牲を払って、あなたに対しての使命を果たしています。彼らの働きは、今まであなたにどのような影響を与えましたか。あなたが何かを無視しあるいは拒否してきたことによって、実りを少なくしていることはないでしょうか。これからの何週間何ヶ月かにわたって、彼らの働きに対して何かあなたの態度を変えることができるでしょうか。

最後の収穫

マタイによる福音書13章24 ～ 30、36 ～ 43節*

²⁴ イエスは、別のたとえを持ち出して言われた。「天の国は次のようにたとえられる。ある人が良い種を畑に蒔いた。²⁵ 人々が眠っている間に、敵が来て、麦の中に毒麦を蒔いて行った。²⁶ 芽が出て、実ってみると、毒麦も現れた。²⁷ 僕たちが主人のところに来て言った。『だんなさま、畑には良い種をお蒔きになったではありませんか。どこから毒麦が入ったのでしょう。』²⁸ 主人は、『敵の仕業だ』と言った。そこで、僕たちが、『では、行って抜き集めておきましょうか』と言うと、²⁹ 主人は言った。『いや、毒麦を集めるとき、麦まで一緒に抜くかもしれない。³⁰ 刈り入れまで、両方とも育つままにしておきなさい。刈り入れの時、「まず毒麦を集め、焼くために束にし、麦の方は集めて倉に入れなさい」と、刈り取る者に言いつけよう。』」

³⁶ それから、イエスは群衆を後に残して家にお入りになった。すると、弟子たちがそばに寄って来て、「畑の毒麦のたとえを説明してください」と言った。³⁷ イエスはお答えになった。「良い種を蒔く者は人の子、³⁸ 畑は世界、良い種は御国の子ら、毒麦は悪い者の子らである。³⁹ 毒麦を蒔いた敵は悪魔、刈り入れは世の終わりのことで、刈り入れる者は天使たちである。⁴⁰ だから、毒麦が集められて火で焼かれるように、世の終わりにもそうなるのだ。⁴¹ 人の子は天使たちを遣わし、つまずきとなるものすべてと不法を行う者どもを自分の国から集めさせ、⁴² 燃え盛る炉の中に投げ込ませるのである。彼らは、そこで泣きわめいて歯ぎしりするだろう。⁴³ そのとき、正しい人々はその父の国で太陽のように輝く。耳のある者は聞きなさい。」

*マタイによる福音書13章24 ～ 43節を通して読むこともできる。

他の朗読：知恵 12:13, 16 ～ 19　詩編 86:5, 6, 9, 10, 15, 16　ローマ 8:26, 27

 LECTIO…読む

今日のたとえ話のイエスの解釈は重要です。種を蒔く人についての前週のたとえ話では種は「神の言葉」でしたが、ここでは「神の言葉」ではありません。この２つの

たとえ話は同じように見えますが、ここではイエスは教会共同体、世界中の神の民について語っています。

　イエスに従って生きようとしている人々を、イエスは「御国の子ら」と呼んでいます。彼らの間に隠れているのは「悪い者の子ら」です。言葉を換えて言うなら、神に従わず、悪魔によって生活が支配されている人々です。

　僕たちはただちに毒麦を抜き集めることを望みます。しかし主人は刈り入れまで待つように指示します。同様に、教会の中で教会のメンバーがお互いを裁くのを避けるべきです。裁きは「人の子」に属することで、「人の子」だけが種の違いを知っているのです。

　一方、良い種は刈り入れの時まで、毒麦が収穫を邪魔するとしても、成長し茂ります。イエスは、最後の日である刈り入れまでは仲介するのを拒否しています。

　教会には行くが、実際にはイエスに従っていない人たちにとって、ここに警告があります。私たちはひとりひとり注意深く、イエスに従って私たちの生活を生きなくてはなりません。審判の日には、誰もが自分たちの生き方に責任を取らなければならないでしょう。

 # MEDITATIO …黙想する

このたとえ話はあなたの霊的な生活とどのような関連性がありますか。
ここでのイエスの教えから何を学ぶことができますか。
あなたの答えは何ですか。

 # ORATIO …祈る

「同様に、〝霊〟も弱いわたしたちを助けてくださいます。わたしたちはどう祈るべきかを知りませんが、〝霊〟自らが、言葉に表わせないうめきをもって執り成してくださるからです。」（ローマ8章26節）

　私たちは皆、神に従うために神の助けを必要としています。そしてこの節は聖霊が私たちのために執り成してくれている、と私たちを励ましています。祈りの中で神に応えてみましょう。「より深い信仰へと呼ぶあなたの声に従うために、私に恵みをお与えください」と祈ってもよいでしょう。

 # CONTEMPLATIO …観想する

詩編86編を読んで、神の偉大さと慈しみについて黙想しましょう。

天の国の宝

マタイによる福音書13章44〜52節

⁴⁴「天の国は次のようにたとえられる。畑に宝が隠されている。見つけた人は、そのまま隠しておき、喜びながら帰り、持ち物をすっかり売り払って、その畑を買う。

⁴⁵ また、天の国は次のようにたとえられる。商人が良い真珠を探している。⁴⁶高価な真珠を一つ見つけると、出かけて行って持ち物をすっかり売り払い、それを買う。

⁴⁷ また、天の国は次のようにたとえられる。網が湖に投げ降ろされ、いろいろな魚を集める。⁴⁸網がいっぱいになると、人々は岸に引き上げ、座って、良いものは器に入れ、悪いものは投げ捨てる。⁴⁹世の終わりにもそうなる。天使たちが来て、正しい人々の中にいる悪い者どもをより分け、⁵⁰燃え盛る炉の中に投げ込むのである。悪い者どもは、そこで泣きわめいて歯ぎしりするだろう。」

⁵¹「あなたがたは、これらのことがみな分かったか。」弟子たちは、「分かりました」と言った。⁵² そこで、イエスは言われた。「だから、天の国のことを学んだ学者は皆、自分の倉から新しいものと古いものを取り出す一家の主人に似ている。」

他の朗読：列王記上 3:5, 7〜12　詩編 119:57, 72, 76, 77, 127〜130　ローマ 8:28〜30

 # LECTIO … 読む

　マタイによる福音書13章は、天の国についての3つのたとえ話でしめくくられます。最初の2つはイエスに従うことの価値を強調しています。イエスの新しい生き方に入ることは、他のことは全て捨て、もしくは「全てを売り払う」だけの価値がある、非常にかけがえのないことです。

　たとえ話が示すように、探し求めてはいなかった人たちが不意に宝を見つけることがあります。また、長い間一生懸命に人生の夢として探していた人たちが最後にそれを見つけることもあります。

　3番目のたとえ話は、イエスに従うと決意することは、私たちにとってとても重大な結果を導くということを教えています。神は誰が福音に従順に生きたか、誰がそうで

なかったかを定めます。神だけが個々人の違いを見分けることができるのです。

　キリスト者としてイエスへの従順の中で生きることは、私たちが日々迫られる挑戦です。時として、私たちは間違いを犯すかもしれません。しかしその時には神の赦しを求めることができます。もちろん、それはいつも容易なことではありませんが、神の道を生きることはいつでも犠牲に値するものであることを、私たちは確信することができます。

　イエスは、「新しいことと古いこと」に言及することで、この朗読を終えます。イエスは律法や預言者を廃止するためにではなく、完成するためにきたことを強調しています（マタイ5章17節）。ですから、律法の古い宝は天の国では新しい意味が与えられるのです。

 # MEDITATIO …黙想する

　あなたの生活の中で誰が、あるいは何がもっとも貴重な宝でしょうか。大切なもののリストの中で、イエスはどこに入っているでしょうか。

　信仰の厚いキリスト者であるために、どんな困難な意思決定をしたことがあるでしょうか。

　イエスに従うために、何を捨てましたか。

　イエスとの関係に、どのくらいの価値を置いていますか。

 # ORATIO …祈る

　詩編119編から選ばれた節を読んでみましょう。祈りとしてこれらを繰り返し唱えてみましょう。

　列王記上3章の今日の朗読箇所で、ソロモンは神に知恵を願います。時間を取って、あなたが直面している挑戦を神の前にいくつか書き出してみましょう。神の助けと、その挑戦に立ち向かうための知恵を神に求めましょう。

 # CONTEMPLATIO …観想する

　「神を愛する者たち、つまり、御計画に従って召された者たちには、万事が益となるように共に働くということを、わたしたちは知っています。

　神はあらかじめ定められた者たちを召し出し、召し出した者たちを義とし、義とされた者たちに栄光をお与えになったのです。」（ローマ8章28、30節）

　私たちは毎日、選択を迫られます。その意思決定をするとき、何があなたの助けになるでしょうか。聖書や祈りは、あなたの決定にどんな役割を果たしているでしょうか。これからの1週間、ローマの信徒への手紙の御言葉に勇気づけてもらいましょう。

あなたがたが彼らに与えなさい

マタイによる福音書14章13～21節

　¹³ イエスはこれを聞くと、舟に乗ってそこを去り、ひとり人里離れた所に退かれた。しかし、群衆はそのことを聞き、方々の町から歩いて後を追った。¹⁴ イエスは舟から上がり、大勢の群衆を見て深く憐れみ、その中の病人をいやされた。¹⁵ 夕暮れになったので、弟子たちがイエスのそばに来て言った。「ここは人里離れた所で、もう時間もたちました。群衆を解散させてください。そうすれば、自分で村へ食べ物を買いに行くでしょう。」¹⁶ イエスは言われた。「行かせることはない。あなたがたが彼らに食べる物を与えなさい。」¹⁷ 弟子たちは言った。「ここにはパン五つと魚二匹しかありません。」¹⁸ イエスは、「それをここに持って来なさい」と言い、¹⁹ 群衆には草の上に座るようにお命じになった。そして、五つのパンと二匹の魚を取り、天を仰いで賛美の祈りを唱え、パンを裂いて弟子たちにお渡しになった。弟子たちはそのパンを群衆に与えた。²⁰ すべての人が食べて満腹した。そして、残ったパンの屑を集めると、十二の籠いっぱいになった。²¹ 食べた人は、女と子供を別にして、男が五千人ほどであった。

他の朗読：イザヤ 55:1～3　詩編 145:8, 9, 15～18　ローマ 8:35, 37～39

 LECTIO … 読む

　今日の聖書朗読は洗礼者ヨハネの殉教の直後の箇所です（マタイ 14 章 1～12 節）。ヘロデは、誕生日の宴会で軽率な約束をしてしまい、愛人であるヘロディアにヨハネを永久に黙らせるチャンスを与えました。ヨハネは、ヘロデと彼の兄弟の妻との間の不正な関係を公然と非難したとして牢に入れられていたのです。ユダヤの法律は、兄弟がまだ生きている間に、その妻と結婚することを明確に禁じていました（レビ 18 章 16 節、20 章 21 節）。

　従兄弟であるヨハネの死はイエスに深い悲しみを与えました。しばらくの間、ひとりになりたいとイエスが思ったことも、よく理解できることです。そして舟に乗り、湖を横切ったところにある人里離れた場所に行きます。しかし群集はイエスをひとりにはさせてくれません。癒しの奇跡と力強い教えを求めてイエスについて行きます。

　マタイはイエスの悲しみと彼を必死で求める人々へのイエスの憐れみを強調しています。イエスは人々の心の中を見、群衆を無視しないのです（14 節）。

　夕方遅く、弟子たちは人々が空腹になるだろうと気づきます。しかしこの人里離れ

た場所には、人々が食べ物を買うところはありません。それで弟子たちは、一番近い村に人々を行かせるように、とイエスに提案します。イエスの返事は弟子たちを茫然とさせたに違いありません。なぜなら、イエスは「あなたがたが彼らに食べるものを与えなさい」と言ったからです。

　イエスは何を考えているのでしょうか。弟子たちは自分たちのための食べ物さえ十分に持っていません。これらの人々すべてにどうやって食べさせることができるでしょうか。それは不可能です。

　イエスはパンと魚を手に取り、神に感謝をささげ、パンを裂きます。すると奇跡が起ります。食べ物がどんどん出てくるのです。5千人の男と、女と子どもに食べさせるのに十分で、残りを集めると 12 の籠が一杯になります。

　4 人の福音書記者全員が記録しているのは、この奇跡だけです。そしてマタイは明らかに、モーセが荒れ野で導いていた民に神がマナを与えたことを私たちに連想させ、この奇跡がモーセよりももっと偉大な指導者がここにいることを示そうとしています。

 # MEDITATIO …黙想する

　あなたがこの奇跡の目撃者だと想像してみてください。最初は群衆の 1 人として、そして次に弟子たちの 1 人として。それは、どのような衝撃をあなたに与えたことでしょうか。あなたならどう反応したでしょうか。

　今日、この奇跡から私たちは何を学ぶことができますか。私たちには憐れみの心があるでしょうか。神の栄光を証しするために、奇跡的な出来事のうちに介在する神に対して、私たちはもっと心を開くべきではないでしょうか。

　必要を満たすための能力や手段がないところで、神が働いてくださった経験がありますか。

 # ORATIO …祈る

　詩編 145 編 8〜18 節は、私たちに神の憐れみと永遠の愛を思い出させてくれ、また心から神に呼びかける人々に神は近いということを私たちに教えています。あなたは何に渇望していますか。時間を取って、この渇望を神にささげてみましょう。そして祈りの中で、詩編の御言葉から慰めを得ましょう。

 # CONTEMPLATIO …観想する

「あなたがたが彼らに食べる物を与えなさい」

　神に心を開いて、この箇所があなたのために意味していることを黙想してみましょう。これからの日々、何週間かの間に、非常に具体的な何かを神があなたに現してくれるかもしれません。

なぜ疑ったのか

マタイによる福音書14章22～33節

²² それからすぐ、イエスは弟子たちを強いて舟に乗せ、向こう岸へ先に行かせ、その間に群衆を解散させられた。²³ 群衆を解散させてから、祈るためにひとり山にお登りになった。夕方になっても、ただひとりそこにおられた。²⁴ ところが、舟は既に陸から何スタディオンか離れており、逆風のために波に悩まされていた。²⁵ 夜が明けるころ、イエスは湖の上を歩いて弟子たちのところに行かれた。²⁶ 弟子たちは、イエスが湖上を歩いておられるのを見て、「幽霊だ」と言っておびえ、恐怖のあまり叫び声をあげた。²⁷ イエスはすぐ彼らに話しかけられた。「安心しなさい。わたしだ。恐れることはない。」²⁸ すると、ペトロが答えた。「主よ、あなたでしたら、わたしに命令して、水の上を歩いてそちらに行かせてください。」²⁹ イエスが「来なさい」と言われたので、ペトロは舟から降りて水の上を歩き、イエスの方へ進んだ。³⁰ しかし、強い風に気がついて怖くなり、沈みかけたので、「主よ、助けてください」と叫んだ。³¹ イエスはすぐに手を伸ばして捕まえ、「信仰の薄い者よ、なぜ疑ったのか」と言われた。³² そして、二人が舟に乗り込むと、風は静まった。³³ 舟の中にいた人たちは、「本当に、あなたは神の子です」と言ってイエスを拝んだ。

他の朗読：列王記上 19:9, 11～13　詩編 85:9～14　ローマ 9:1～5

 LECTIO …読む

　今日の箇所でイエスはやっと1人になり、御父だけと過ごす時間がとれます。14章はイエスの従兄弟である洗礼者ヨハネが殺された記述で始まりました。イエスはそれから1人になろうとしましたが、群衆がついてきました。イエスは彼らを憐れみ、夕方まで長い間教え、病気の人を癒やし、そして5千人以上の人々に奇跡によって食べ物を与えました。

　それからイエスは弟子たちを舟に乗せ、向こう岸へ先に行かせ、人々を家に帰らせました。今や、イエスはヨハネのために嘆き、御父に祈ることができます。祈りはイエスの生活と使命の源でしたので、イエスはいつも御父との交わりのための時間を作っていました。

　しかし、この箇所の主なテーマは信仰です。その日弟子たちは、イエスが人々を癒

やし、5つのパンと2匹の魚を5千人以上の人々が満腹する食べ物に超自然的に変え、かつ数多く残ったのを既に目撃しています。今、イエスが舟の方に向かって水の上を歩いて来ます。弟子たちは自分たちの目を信じることができません。彼らは恐れて、幽霊を見ているに違いないと思います。イエスは、歩いているのは本当に自分であるから心配いらないと弟子たちを安心させます。

いつものように、ペトロが飛び出してきて文字通り大きな信仰の一歩を踏み出します。ここでもまた、彼は多分あまり考えないで話し、イエスに水の上を歩かせて欲しいと頼みます。イエスは彼を招きます。ペトロは舟から踏み出し、イエスの方に向かって歩き始めます。しかし強い風に気がついて恐ろしくなり、沈み始めます。イエスは彼を助け、信仰はどこへ行ってしまったのかと優しく彼をたしなめるのです。

嵐は静まります。弟子たちにとっては今や賛美の時となり、彼らは「本当に、あなたは神の子です」と叫びます。

MEDITATIO …黙想する

この箇所から私たちは信仰についてどんな教訓を学ぶことができるでしょうか。

あなたは助けを求めて、神に呼びかけるような状況になったことがありますか。何が起りましたか。

私たちは、信仰の中で大胆な一歩を踏み出すことは容易にできますが、それから恐ろしくなります。神が望まれることを妨げる疑いをどうやって避けることができるでしょうか。

ORATIO …祈る

イエスは真に神の子であるということに感謝をささげましょう。そして神の力と憐れみの故に神を賛美しましょう。

信仰において成長する機会は私たちの周りにたくさんあります。イエスがあなたに望まれていると感じるところで、あなたが「舟から踏み出す」のを助けてくれるようにイエスに願いましょう。イエスの愛があなたを満たし、あなたの心から恐れを取り除いてくださるように祈りましょう。

CONTEMPLATIO …観想する

イエスはペトロに「なぜ疑ったのか」と非常に啓示的な質問をします。ペトロが疑ってしまった理由をよく考えてみましょう。それから、神の子であるイエスがすぐそこにいたということをよく考えてみましょう。時として、自分自身もなぜ疑うのかをよく考えてみましょう。もしイエスが私たちと一緒にいるとしたら、私たちの信仰にどのような影響を与えるでしょうか。

立派な信仰

マタイによる福音書15章21〜28節

²¹ イエスはそこをたち、ティルスとシドンの地方に行かれた。²² すると、この地に生まれたカナンの女が出て来て、「主（しゅ）よ、ダビデの子よ、わたしを憐れんでください。娘が悪霊にひどく苦しめられています」と叫んだ。²³ しかし、イエスは何もお答えにならなかった。そこで、弟子たちが近寄って来て願った。「この女を追い払ってください。叫びながらついて来ますので。」²⁴ イエスは、「わたしは、イスラエルの家の失われた羊のところにしか遣わされていない」とお答えになった。²⁵ しかし、女は来て、イエスの前にひれ伏し、「主よ、どうかお助けください」と言った。²⁶ イエスが、「子供たちのパンを取って小犬にやってはいけない」とお答えになると、²⁷ 女は言った。「主よ、ごもっともです。しかし、小犬も主人の食卓から落ちるパン屑（くず）はいただくのです。」²⁸ そこで、イエスはお答えになった。「婦人よ、あなたの信仰は立派だ。あなたの願いどおりになるように。」そのとき、娘の病気はいやされた。

他の朗読：イザヤ 56:1, 6, 7　詩編67:2, 3, 5, 6, 8　ローマ 11:13〜15, 29〜32

 ## LECTIO …読む

　ティルスとシドンはガリラヤ北部の異邦人の町です。イエスは珍しくガリラヤでの宣教から離れ、弟子たちを異邦人の土地へ連れて行きます。カナンの女との出会いから、イエスの目的がそこで福音を宣べ伝えることではなかったのは明らかです。おそらくイエスは、御父ともっと多くの時間を過ごすため、また弟子たちに教える時間が取れるように、人々の要求から離れていたかったのかもしれません。

　今日告げられているのは、この必死な母親との出会いだけです。私たちはこの女性について何も知りません。しかし明らかに彼女はイエスについてのうわさ、そしてイエスがどのように病気と悪霊に憑かれた人々を癒すかについて聞いています。彼女はイエスをユダヤ人のメシアの称号である「ダビデの子」と呼びかけてさえいます。

　最初、彼女はあまり好意的に受け入れられませんでした。イエスは彼女をまったく相手にしません。しかし彼女は容易には引きさがりません。私たちはただ、弟子たちがイエスにとりなしてくれるように願ったほどの興奮を想像できるだけです。イエスは彼女に自分はユダヤの人々のところに遣わされたと告げます。しかし彼女はくじけずイエスの足下にひれ伏し、助けを求めて叫びます。

イエスは更に彼女を試します。当時ユダヤ人はしばしば侮辱的に異邦人を犬と呼んでいました。その女性は目を見張る信仰と洞察で答えます。家の犬でさえ主人の食卓から落ちるパン屑をいただくのです、と。イエスは立派な信仰だと彼女をほめます。このような強い言葉でイエスが誰かの信仰をほめるのは、マタイ福音書の中で2か所だけで、これはその1つです。もう1か所はマタイ8章5～13節の百人隊長に対してです。その母親は目的を果たし、娘は癒されます。

 # MEDITATIO …黙想する

この女性はイエスについてのいくつかの重要なことを信じていました。それらは何だったでしょうか。

この箇所から、私たちは信仰と粘り強さについて何を学べるでしょうか。

この女性はイエスが彼女に言ったことで気分を害しても当たり前でしたが、彼女はもっと大切な思いを持っていました。私たちはこれから何を学ぶことができるでしょうか。

ルカ11章1～13節の、祈りについてのイエスの教えを読みましょう。それがこの箇所の私たちの理解をどのように豊かにしてくれるでしょうか。

神はイスラエルをご自分の特別な民として選びました。そして彼らを通して全ての国々が祝福されるであろうと約束しました。ですからイエスは、神がイスラエルになさった約束についてまず同胞のユダヤ人に思い起こさせるためにやって来たのです。このことは神の誠実さについて私たちに何を教えてくれるでしょうか。

 # ORATIO …祈る

「求めなさい。そうすれば、与えられる。探しなさい。そうすれば、見つかる。門をたたきなさい。そうすれば、開かれる。だれでも、求める者は受け、探すものは見つけ、門をたたく者には開かれる。」（マタイ7章7、8節）

主の祈りをゆっくり何回か祈りましょう。それから聖霊に祈り、特にあなたが祈るべきことについて導いていただきましょう。

 # CONTEMPLATIO …観想する

「信仰がなければ、神に喜ばれることはできません。神に近づく者は、神が存在しておられること、また、神はご自分を求める者たちに報いてくださる方であることを、信じていなければならないからです。」

ヘブライ11章6節の箇所をよく考えてみましょう。もし誰かが、なぜあなたは神への信仰を持っているのか、と尋ねたら、あなたはどんな理由を答えるでしょうか。あなたのキリスト者の生活の中で信仰が果たす役割について考えてみましょう。

主がおっしゃったことは必ず実現する

ルカによる福音書1章39〜56節

³⁹ そのころ、マリアは出かけて、急いで山里に向かい、ユダの町に行った。⁴⁰ そして、ザカリアの家に入ってエリサベトに挨拶した。⁴¹ マリアの挨拶をエリサベトが聞いたとき、その胎内の子がおどった。エリサベトは聖霊に満たされて、⁴² 声高らかに言った。「あなたは女の中で祝福された方です。胎内のお子さまも祝福されています。⁴³ わたしの主のお母さまがわたしのところに来てくださるとは、どういうわけでしょう。⁴⁴ あなたの挨拶のお声をわたしが耳にしたとき、胎内の子は喜んでおどりました。⁴⁵ 主がおっしゃったことは必ず実現すると信じた方は、なんと幸いでしょう。」

⁴⁶ そこで、マリアは言った。
「わたしの魂は主をあがめ、
⁴⁷ わたしの霊は救い主である神を喜びたたえます。
⁴⁸ 身分の低い、この主のはしためにも
　　　目を留めてくださったからです。
　今から後、いつの世の人も
　　　わたしを幸いな者と言うでしょう、
⁴⁹ 力ある方が、
　　　わたしに偉大なことをなさいましたから。
　その御名は尊く、
⁵⁰ その憐れみは代々に限りなく、
　主を畏れる者に及びます。
⁵¹ 主はその腕で力を振るい、
　　思い上がる者を打ち散らし、
⁵² 権力ある者をその座から引き降ろし、
　　身分の低い者を高く上げ、
⁵³ 飢えた人を良い物で満たし、
　　富める者を空腹のまま追い返されます。
⁵⁴ その僕イスラエルを受け入れて、
　　憐れみをお忘れになりません、
⁵⁵ わたしたちの先祖におっしゃったとおり、
　　アブラハムとその子孫に対してとこしえに。」
⁵⁶ マリアは、三か月ほどエリサベトのところに滞在してから、自分の家に帰った。

他の朗読：黙示録 11:19, 12:1〜6, 10　詩編 45:10〜12, 16　Ⅰコリント 15:20〜26

 ## LECTIO …読む

　教会は今日、イエスの母マリアを称えるためにこの素晴らしい賛歌を選びました。
　この前の節で、マリアは天使ガブリエルによって2つの驚くべきことを告げられています（ルカ1章26〜38節）。1つ目は、マリアが処女であるにもかかわらず、聖霊の力によって神の子を産むであろうということ、2つ目は、彼女の従姉妹であるエリサベトが、今まで子どもを産むことができなくてもはや非常に年老いているにも関わらず、妊娠6ヶ月である、ということです。
　朗読は出産を予定している2人の母たちの出会いで始まります。マリアはエリサベトが妊娠していることを知っています。そして、エリサベトがマリアの知らせを聞いていた、という記録はありませんが、マリアを見たときにはエリサベトにはそれが明確なこととなっていたはずです。ルカの記述の中で、エリサベトは聖霊からの霊感によって、天使ガブリエルのマリアへの約束を、「私の主のお母さま」と言い表すことで確かなものにしています。2人の婦人は受肉を事実として受け入れたのです。
　マリアとエリサベト両者の、神の特別な計画を信じそして自らの赤ちゃんを受け入れる純粋な信仰と意思は、この朗読箇所全体を通して輝いています。2人とも、神が彼女らの妊娠に関与しているということを認識し、驚くべき信仰を表しています。
　マリアは、聖書の中でも素晴らしい賛歌のひとつで応えます。マリアは「力ある方が、わたしに偉大なことをなさいました」と個人的な感謝で始めます（49節）。マリアはそれからアブラハムへの約束を守る神の誠実さと慈しみを誉め称えます。サムエル記上2章1〜10節のハンナの祈りと旧約聖書のメシアの預言の待望がこだまします。何世紀にもわたる希望が、神の「身分の低いはしため」から生まれる救い主を通じて、もうすぐ実現するのです。

 ## MEDITATIO …黙想する

　マリアとエリサベトの神への応答から、私たちはどんな教訓を学ぶことができるでしょうか。どんな教訓を私たち自身の生活に当てはめることができますか。
　この箇所から信仰と謙遜について何を学ぶことができますか。
　この箇所は、神の本質と性格について何を表していますか。
　どのようにして、あなたは神に仕えることができますか。

ORATIO …祈る

　神があなたにしてくださった「偉大なこと」についてよく考えてみましょう。今週はマリアの賛歌をあなた自身のものにしましょう。聖霊の方からあなたに語りかけてもらいましょう。それから祈りの中で神に応えましょう。神をほめたたえ、あなたの生活の中で神がしてくれたこと全てに感謝するために、あなた自身の詩編を書いてみてもよいでしょう。

 CONTEMPLATIO …観想する

　あなたの救い主イエスについてよく考えてみましょう。彼はあなたを何から救ってくれましたか。何のために救ってくれましたか。

あなたがたはわたしを何者だと言うのか

マタイによる福音書16章13～20節

¹³ イエスは、フィリポ・カイサリア地方に行ったとき、弟子たちに、「人々は、人の子のことを何者だと言っているか」とお尋ねになった。¹⁴ 弟子たちは言った。「『洗礼者ヨハネだ』と言う人も、『エリヤだ』と言う人もいます。ほかに、『エレミヤだ』とか、『預言者の一人だ』と言う人もいます。」¹⁵ イエスが言われた。「それでは、あなたがたはわたしを何者だと言うのか。」¹⁶ シモン・ペトロが、「あなたはメシア、生ける神の子です」と答えた。¹⁷ すると、イエスはお答えになった。「シモン・バルヨナ、あなたは幸いだ。あなたにこのことを現したのは、人間ではなく、わたしの天の父なのだ。¹⁸ わたしも言っておく。あなたはペトロ。わたしはこの岩の上にわたしの教会を建てる。陰府の力もこれに対抗できない。¹⁹ わたしはあなたに天の国の鍵を授ける。あなたが地上でつなぐことは、天上でもつながれる。あなたが地上で解くことは、天上でも解かれる。」²⁰ それから、イエスは、御自分がメシアであることをだれにも話さないように、と弟子たちに命じられた。

他の朗読：イザヤ 22:19～23　詩編 138:1～3, 6, 8　ローマ 11:33～36

 LECTIO …読む

　イエスの時代の多くのユダヤ人は、イスラエルを圧政から解放し、地上に神の国を築くメシア、あるいは油注がれた「王」を遣わすという神の約束を信じていました。これが実際にどのように成就されるのかはっきりしていませんでしたが、新しい王は確かに、ヘロデ、ローマ当局そして最終的には皇帝にも脅威になっていたことでしょう。

　この革新的な話題を弟子たちと議論するために、イエスは遠くの町、イスラエルの北東地方にあるフィリポ・カイサリアを選びます。イエスは、「人々は人の子のことを何者だと言っているか」と聞くことにより、間接的にこの質問をします。人々は、イエスは、洗礼者ヨハネやエリヤやエレミヤと同じような、ある種の預言者だと思っていますが、確かではありません。それでイエスは、弟子たちはどう考えているかを尋ねます。

　ペトロは、イエスは「メシア、生ける神の子です」と答えます。イエスは、御父が彼にこの秘密を現したのだと告げて、ペトロをほめます。この告白をする中で、ペトロは神が油注がれた新しい王に忠誠を誓うことを宣言しているのです。しかしながら、「生ける神の子」という称号はメシアという言葉を補った旧約聖書の言葉であるということに注意する必要があります。ペトロが返事をしたとき、ペトロ自身は「神の子」が神性

を持っていた、あるいはイエスが三位一体の中の1人であることは理解していなかったでしょう。

　それからイエスは、ペトロがイエスの新しい御国の人々、すなわち教会の礎になるであろうと宣言します。神が選んだ王に忠誠を誓うことを宣言する、この新しい共同体の人々は、正にこの弟子たちから始まるのです。

　イエスは、陰府の力もこの新しい共同体の人々には対抗できない、と宣言します。イエスはまた「天の国の鍵」とも呼ばれる権能を弟子たちに与えます。そして最後に、しばらくの間はご自分がメシアであることを誰にも話さないように命じます。

 # MEDITATIO …黙想する

　弟子たちは、イエスがメシアであると明らかになった後で、どのように感じたでしょうか。彼らの、イエスに耳を傾ける姿勢は変わったでしょうか。使命はより危険な状況になりました。イエスは確実にヘロデやローマ人たちと衝突する方向にあったからです。

　誰もが、イエスの「あなたがたはわたしを何者だと言うのか」という質問に答えなければなりません。あなたの答えは何ですか。

　人間的な欠点があっても、教会の礎としてイエスはペトロを選びました。このことから私たちは何を学ぶことができますか。

　あなたは教会と、神が教会に与えた権能についてどう思いますか。あなたは、喜んで権能を受け入れますか。あなたは、それを神の方法で行っていますか。

 # ORATIO …祈る

　イエスに対してのより深い知識と愛をくださるように、神に願いましょう。教会共同体の中で、あなたが自分の役割を果たすのを助けてくれるように神に祈りましょう。

 # CONTEMPLATIO …観想する

　ローマ11章33〜36節をよく黙想してみましょう。

　「ああ、神の富と知恵と知識のなんと深いことか。だれが、神の定めを究め尽くし、神の道を理解し尽くせよう。

　『いったいだれが主の心を知っていたであろうか。

　　だれが主の相談相手であっただろうか。

　　だれがまず主に与えて、

　　その報いを受けるであろうか。』

すべてのものは、神から出て、神によって保たれ、神に向かっているのです。栄光か神に永遠にありますように、アーメン。」

自分を捨てなさい

マタイによる福音書16章21 ～ 27節

²¹ このときから、イエスは、御自分が必ずエルサレムに行って、長老、祭司長、律法学者（りっぽう）たちから多くの苦しみを受けて殺され、三日目に復活することになっている、と弟子たちに打ち明け始められた。²² すると、ペトロはイエスをわきへお連れして、いさめ始めた。「主（しゅ）よ、とんでもないことです。そんなことがあってはなりません。」²³ イエスは振り向いてペトロに言われた。「サタン、引き下がれ。あなたはわたしの邪魔をする者。神のことを思わず、人間のことを思っている。」²⁴ それから、弟子たちに言われた。「わたしについて来たい者は、自分を捨て、自分の十字架を背負って、わたしに従いなさい。²⁵ 自分の命を救いたいと思う者は、それを失うが、わたしのために命を失う者は、それを得る。²⁶ 人は、たとえ全世界を手に入れても、自分の命を失ったら、何の得があろうか。自分の命を買い戻すのに、どんな代価を支払えようか。²⁷ 人の子は、父の栄光に輝いて天使たちと共に来るが、そのとき、それぞれの行いに応じて報いるのである。」

他の朗読：エレミヤ 20:7〜9　詩編 63:2〜6, 8, 9　ローマ 12:1, 2

 LECTIO …読む

　自分がメシアであることを弟子たちに表した後で、自分はエルサレムのユダヤ人の指導者たちによって殺されることになっていると言い、イエスは弟子たちを驚愕させます。このことについてイエスが弟子たちに話す機会は 3 回ありますが、本日の箇所はその最初です（マタイ 17 章 22、23 節、20 章 17〜19 節参照）。

　弟子たちには何のことか分かりません。何世紀にも渡る古いユダヤ人の救いの希望であるメシアが、ユダヤ人の指導者たちによって拒絶され、殺されるなどということがどうしてありうるでしょうか。神がそのようなことをお許しになるでしょうか。何が問題になるのか。どうしてメシアが苦しむのか。多くのユダヤ人にとって苦しみは、罪と神の裁きに関係するものとして捉えられていたのです。

　教会が建てられる岩、と言われたペトロは、今や崩れやすい砂になってしまいます。ペトロは、自分の恐れとイエスへの不満を口にします。「そんなことがあってはなりません」と。イエスは、荒れ野で誘惑されたときにサタンに直接言ったことを繰り返して、強い叱責で答えます（マタイ 4 章 10 節）。イエスの叱責の強さは、イエスの前にある誘惑の深刻さを示しています。

　十字架を背負うこと、自分の命を捨てることによって自分の命を救うことができると、イエスがさらに話したことで、弟子たちの混乱はますますひどくなったことでしょう。私たちは復活後の出来事を見る恵みを受けているので、イエスのために私たち自身の命を捨てることについてイエスの言葉の深い真実を理解することができるのです。

　イエスは弟子たちに2つのかすかな希望の光を示します。始めに、イエスは復活するであろうということ（21節）を告げ、そして人の子は御父の栄光に輝いて天使たちと共に来るが、そのとき、それぞれの行いに応じて報いるのであると告げるのです（27節）。

 # MEDITATIO …黙想する

　弟子たちは、イエスがここで言ったことにより非常に混乱したでしょうが、従うことを止めませんでした。このことから私たちは何を学ぶことができるでしょうか。

　イエスが「わたしのために命を失う者は、それを得る」と言ったとき、何を意味したのだと思いますか。このことは、あなたの毎日の生活の中で何を意味するでしょうか。

 # ORATIO …祈る

　苦しみと死に至るまで、イエスは御父の御旨を行う準備が出来ていたことに感謝しましょう。

　謙虚に神の前に出てみましょう。日々神に従い、自分自身の快適さよりも神に喜ばれる生き方を選ぶことができるよう、神の恵みを願いましょう。

 # CONTEMPLATIO …観想する

　ローマ12章1、2節を黙想してみましょう。

　「こういうわけで、兄弟たち、神の憐れみによってあなたがたに勧めます。自分の体を神に喜ばれる聖なる生けるいけにえとして献げなさい。これこそ、あなたがたのなすべき礼拝です。あなたがたはこの世に倣ってはなりません。むしろ、心を新たにして自分を変えていただき、何が神の御心であるか、何が善いことで、神に喜ばれ、また完全なことであるかをわきまえるようになりなさい。」

和解しなさい

マタイによる福音書18章15～20節

¹⁵「兄弟があなたに対して罪を犯したなら、行って二人だけのところで忠告しなさい。言うことを聞き入れたら、兄弟を得たことになる。¹⁶聞き入れなければ、ほかに一人か二人、一緒に連れて行きなさい。すべてのことが、二人または三人の証人の口によって確定されるようになるためである。¹⁷それでも聞き入れなければ、教会に申し出なさい。教会の言うことも聞き入れないなら、その人を異邦人か徴税人と同様に見なしなさい。

¹⁸はっきり言っておく。あなたがたが地上でつなぐことは、天上でもつながれ、あなたがたが地上で解くことは、天上でも解かれる。¹⁹また、はっきり言っておくが、どんな願い事であれ、あなたがたのうち二人が地上で心を一つにして求めるなら、わたしの天の父はそれをかなえてくださる。²⁰二人または三人がわたしの名によって集まるところには、わたしもその中にいるのである。」

他の朗読：エゼキエル 33:7～9　詩編 95:1, 2, 6～9　ローマ 13:8～10

 ## LECTIO …読む

今日の朗読箇所は、イエスの教会の教えとして知られている部分です。ギリシア語のエクレシア（ἐκκλησία）という言葉は、福音書では2か所でしか使われていません。この17節と、2章さかのぼったマタイ16章18節においてだけです。

ここでのイエスの教えの焦点は、地域の教会共同体内での信者間の関係についてです。イエスは、弟子たち、そして私たちの人間的な弱さを十分に承知していました。仲間のキリスト者たちがあなたたちに罪を犯し、同様に私たちが仲間に罪を犯すことがあります。イエスは、その時にどのように対処すべきか、いくつかの現実的な指示を私たちに与えているのです。

最初の行動の方向は、1対1で解決に努めるということです。もしそれがうまく行って、あなたの兄弟・姉妹が自分たちの罪を認識し悔い改めるならば、赦しがこれに続き、私たちの関係は元に戻ります。他には誰も関わる必要はありません。

もしその手段で事が解決しないときには、イエスは私たちに1人か2人を連れて行くことを指示しています。申命記19章15節からの引用は、証人はたった1人ではなく、複数で確定される必要があるという神の指示を述べています。このことは、非常に現実的な意味で、私たち自身の状況判断に対して現実の認識を加えてくれます。ですか

ら、私たちは客観的であり得る人々を選ぶことが重要です。

それでも関係しているその人が悔い改めない場合には、教会全体に申し出る必要があります。そうすれば悔い改めのための3回目の機会が与えられるでしょう。もし、これも拒否されたならば、関係しているその人は、教会の仲間としてはもはや扱われないでしょう。初期の教会では、兄弟の矯正は大切な義務でした。そして今日でもそれは同じです。

イエスはこの節の終わりに、2つの驚くべき約束をしています。1つは、私たちがイエスの名前で集まるところには、自分もその中にいるということ、そしてもう1つはもし2人のキリスト者が祈りの中で何かについて求めるならば、神はかなえて下さるということです。

キリスト者の共同体におけるイエスの現存は、私たちの祈りと意思決定を励ましています。だからこそ、共同体内における分裂に対処することがとても大切なのです。

 # MEDITATIO …黙想する

イエスが教会共同体の中の罪に対処することにこれほど重きを置くのは、なぜだと思いますか。なぜ赦しは必要なのでしょうか。

あなたにとって他のキリスト者たちとの軋轢に対処するのは易しいことですか。それともその事を無視したいと思いますか。軋轢を無視することが、あなたにとっても、関係するもう1人の人両者にとってなぜ害になるのでしょうか。

ローマ13章8～10節を読んでみましょう。その一部が下記です。今日の聖書朗読と、私たちに罪を犯す人々に対する私たちの態度にどのように関連しているでしょうか。

「互いに愛し合うことのほかは、だれに対しても借りがあってはなりません。…そのほかどんな掟があっても、『隣人を自分のように愛しなさい』という言葉に要約されます。愛は隣人に悪を行いません。」

 # ORATIO …祈る

主の祈りは、私たちの個人的な赦しが、私たちに罪を犯す人々を赦す私たちの意思にかかっているということを思い出させてくれます。神の御旨があなたの生活の中で行われるように祈りましょう。そして、あなたに罪を犯したすべての人を赦すようにしましょう。

 # CONTEMPLATIO …観想する

ヨハネ17章11節の中でイエスは、自分に従う人々が「わたしたちのように、彼らも一つとなるためです。」と祈ります。あなたの地域の教会共同体の中での一致の重要性と、その中での赦しについて考えてみましょう。

借金を帳消しにする

マタイによる福音書18章21〜35節

²¹ そのとき、ペトロがイエスのところに来て言った。「主よ、兄弟がわたしに対して罪を犯したなら、何回赦すべきでしょうか。七回までですか。」²² イエスは言われた。「あなたに言っておく。七回どころか七の七十倍までも赦しなさい。²³ そこで、天の国は次のようにたとえられる。ある王が、家来たちに貸した金の決済をしようとした。²⁴ 決済し始めたところ、一万タラントン借金している家来が、王の前に連れて来られた。²⁵ しかし、返済できなかったので、主君はこの家来に、自分も妻も子も、また持ち物も全部売って返済するように命じた。²⁶ 家来はひれ伏し、『どうか待ってください。きっと全部お返しします』としきりに願った。²⁷ その家来の主君は憐れに思って、彼を赦し、その借金を帳消しにしてやった。²⁸ ところが、この家来は外に出て、自分に百デナリオンの借金をしている仲間に出会うと、捕まえて首を絞め、『借金を返せ』と言った。²⁹ 仲間はひれ伏して、『どうか待ってくれ。返すから』としきりに頼んだ。³⁰ しかし、承知せず、その仲間を引っぱって行き、借金を返すまでと牢に入れた。³¹ 仲間たちは、事の次第を見て非常に心を痛め、主君の前に出て事件を残らず告げた。³² そこで、主君はその家来を呼びつけて言った。『不届きな家来だ。お前が頼んだから、借金を全部帳消しにしてやったのだ。³³ わたしがお前を憐れんでやったように、お前も自分の仲間を憐れんでやるべきではなかったか。』³⁴ そして、主君は怒って、借金をすっかり返済するまでと、家来を牢役人に引き渡した。³⁵ あなたがたの一人一人が、心から兄弟を赦さないなら、わたしの天の父もあなたがたに同じようになさるであろう。」

他の朗読：シラ 27:30〜28:7　詩編 103:1〜4, 9〜12　ローマ 14:7〜9

LECTIO…読む

　赦しに関するイエスの教えを続けてみていきましょう。ペトロはどのくらい広く赦さなければならないかを知りたいと思っています。そこで、イエスに罪を犯し続ける兄弟を何回赦さなければならないかを尋ねます。7回で十分でしょうか。イエスは「7の70倍」と答えます。これは文字通り受け取るべきではなく、精神の寛容さを表しているのです。実際には、イエスは記録をつけ続けるのではなく、ただ赦し続けよ、と言っ

ているのです。

　イエスはご自身の要点を説明するために、1つのたとえ話をつけ加えます。1人の家来が決して返済できないような巨額の借金を王にしています。家来は慈しみを懇願します。そして借金から完全に解放されるのです。帳簿はきれいに消され、新鮮な出発が許されます。しかし、話はここで終らないのです。この家来自身、自分の仲間に小額の金を貸しています。この仲間に慈しみを示すことなく、反対のことを行います。彼は金を全部返せと言い張るのです。そして自分の仲間を牢に入れてしまいます。彼の行動を知ったとき、王は怒り、借金を元通りにして彼を牢に入れてしまいました。

　イエスが伝えたいことははっきりしています。私たちは、決して返済できない多額の借金を赦してもらったその家来と同じです。もし私たちが仲間の兄弟姉妹に対して、これよりもはるかに小さな罪を赦さないならば、私たちは神の裁きにあうでしょう（35節）。

　キリスト者として、私たちは仲間のキリスト者が私たちに罪を行った場合には、遅滞なく彼らをいつも赦す気でいなくてはなりません。このようにして、神の愛と赦しを世界に示すのです。互いを赦しあうこと無しに、私たちの教会共同体は信じ合うことを証しすることはできないのです。

 # MEDITATIO …黙想する

　このたとえ話は神の本質について何を教えているでしょうか。

　あなたは、決して返済できない巨大な罪の借金を赦されていると自分自身認識していますか。このことは他人を赦そうとする意思に影響を与えますか。

　このたとえ話の中で、王は借金を帳消しにしただけですが、神は私たちの罪をこのように対処することはしませんでした。私たちの借金はどのように払われましたか。このことに私たちはどう応えますか。

 # ORATIO …祈る

　今日、大抵の人々は罪を無視したり、言い訳をしたりします。あなたは自分自身の罪をどのように見ていますか。詩編51編を祈りとして用い、慈しみに満ちた神にあなたの罪を告白してみましょう。

 # CONTEMPLATIO …観想する

詩編103編の素晴らしい約束を黙想してみましょう。
「天が地を超えて高いように
慈しみは主を畏れる人を超えて大きい。
東が西から遠い程
わたしたちの背きの罪を遠ざけてくださる。」（11、12節）

気前が良すぎるか

マタイによる福音書20章1〜16節

¹「天の国は次のようにたとえられる。ある家の主人が、ぶどう園で働く労働者を雇うために、夜明けに出かけて行った。²主人は、一日につき一デナリオンの約束で、労働者をぶどう園に送った。³また、九時ごろ行ってみると、何もしないで広場に立っている人々がいたので、⁴『あなたたちもぶどう園に行きなさい。ふさわしい賃金を払ってやろう』と言った。⁵それで、その人たちは出かけて行った。主人は、十二時ごろと三時ごろにまた出て行き、同じようにした。⁶五時ごろにも行ってみると、ほかの人々が立っていたので、『なぜ、何もしないで一日中ここに立っているのか』と尋ねると、⁷彼らは、『だれも雇ってくれないのです』と言った。主人は彼らに、『あなたたちもぶどう園に行きなさい』と言った。⁸夕方になって、ぶどう園の主人は監督に、『労働者たちを呼んで、最後に来た者から始めて、最初に来た者まで順に賃金を払ってやりなさい』と言った。⁹そこで、五時ごろに雇われた人たちが来て、一デナリオンずつ受け取った。¹⁰最初に雇われた人たちが来て、もっと多くもらえるだろうと思っていた。しかし、彼らも一デナリオンずつであった。¹¹それで、受け取ると、主人に不平を言った。¹²『最後に来たこの連中は、一時間しか働きませんでした。まる一日、暑い中を辛抱して働いたわたしたちと、この連中とを同じ扱いにするとは。』¹³主人はその一人に答えた。『友よ、あなたに不当なことはしていない。あなたはわたしと一デナリオンの約束をしたではないか。¹⁴自分の分を受け取って帰りなさい。わたしはこの最後の者にも、あなたと同じように支払ってやりたいのだ。¹⁵自分のものを自分のしたいようにしては、いけないか。それとも、わたしの気前のよさをねたむのか。』¹⁶このように、後にいる者が先になり、先にいる者が後になる。」

他の朗読：イザヤ 55:6〜9　詩編 145:2, 3, 8, 9, 17, 18　フィリピ 1:20〜24, 27

 LECTIO…読む

　イエスは、このたとえ話を、神とその新しい御国について教えるために私たちに告げています。それは社会正義を述べることを目的にしているわけではありません。

　他のたとえ話と同じように、主人が神を、ぶどう園が御国を表しています。一日の

異なる時間に、主人は人々を自分のぶどう園に来て働くように雇います。最後に雇われた人々は他の誰も雇いたがらない人々だったのです。12時間辛抱して働いた人々は、最終的に1時間しか働かなかった人々と全く同じ賃金しか貰えませんでした。

「賃金」あるいは報酬は神の契約、即ち神と共にある永遠の命です。それは御国に仕えた報酬ではなく、神からの賜物です。神は、ある人には多く、他の人はより少なくというように神の愛と恵みを与えることはしません。神はご自分が選ばれた人に惜しみなく恵みを与えるのです。

真実は、一日中神に仕える特別な恵みをいただいた人々を含めて、誰もが自分が値するよりももっと多くをいただいている、ということなのです。

MEDITATIO …黙想する

このたとえ話は、神に仕えることについて、プライドについて、そして仲間のキリスト者への私たちの態度について何か教えてくれているでしょうか。私たちは他者に嫉妬することがあるでしょうか。

主人は誰も望まないような労働者たちを雇いました。このことから私たちは何を学ぶことができますか。

このたとえ話は、神の本質について私たちに何を教えてくれていますか。

ORATIO …祈る

主人は1日の間に何度も新しい労働者たちを探し出しました。刈り入れの時が差し迫っていたからです。イエスは弟子たちに、刈り入れのために、より多くの労働者を送ってくれるように神に願うように急かせています。教会が使命を果たすために十分な司祭や信徒を得るように祈りましょう。福音を分かち合い、弟子たちを養うために、あなたはどのような役割を担うことができるか神に尋ねてみましょう。

CONTEMPLATIO …観想する

イザヤ55章8、9節からの次の御言葉をよく考えてみましょう。
「わたしの思いは、あなたたちの思いと異なり
わたしの道はあなたたちの道と異なると
　　主は言われる。
天が地を高く超えているように
わたしの道は、あなたたちの道を
わたしの思いは
　　あなたたちの思いを、高く超えている。」

真の僕たち

マタイによる福音書21章28～32節

²⁸「ところで、あなたたちはどう思うか。ある人に息子が二人いたが、彼は兄のところへ行き、『子よ、今日、ぶどう園へ行って働きなさい』と言った。²⁹兄は『いやです』と答えたが、後で考え直して出かけた。³⁰弟のところへも行って、同じことを言うと、弟は『お父さん、承知しました』と答えたが、出かけなかった。³¹この二人のうち、どちらが父親の望みどおりにしたか。」彼らが「兄の方です」と言うと、イエスは言われた。「はっきり言っておく。徴税人や娼婦たちの方が、あなたたちより先に神の国に入るだろう。³²なぜなら、ヨハネが来て義の道を示したのに、あなたたちは彼を信ぜず、徴税人や娼婦たちは信じたからだ。あなたたちはそれを見ても、後で考え直して彼を信じようとしなかった。」

他の朗読：エゼキエル 18:25～28　詩編 25:4～9　フィリピ 2:1～11

 ## LECTIO…読む

　今日のたとえ話の理解を助けるには、この章の前までの部分を振り返ってみる必要があります。マタイによる福音書21章は、イエスが英雄的にエルサレムに迎え入れられるところから始まります。ある人々は、イエスのことを「ダビデの子」、即ち長いこと待ち望まれたメシアだと宣言していました。イエスは、それから両替人の台を倒し、神殿のお金をまき散らし、商売をしている人々を追い払うなどの大混乱を引き起こします。

　祭司長や長老たちが、何の権威でイエスがこのようなことをしているのか知りたいと思うのも驚くことではありません（23節）。イエスは彼らに洗礼者ヨハネについての含みのある質問をします。それで彼らはまごついてしまいます（25～27節）。

　イエスは、彼らに2人の息子のたとえ話をすることによって、宗教指導者たちに言いたいことを補足します。父が年長の息子にぶどう園に行って働くように言います。その息子は拒否しますが、後で考え直して出かけます。もう1人の息子は最初承知しますが、行動は言葉と一致せず結局彼は出かけませんでした。宗教指導者たちは、父の望むことを実際にしたのは兄の方であるという結論に導かれます。

　イエスはそれから、兄にあたるのは徴税人や娼婦たちであることを明らかにします。彼らは最初、神に仕えるようにとの神の呼びかけを拒否しますが、それから考え直してヨハネのメッセージを受け入れます。イエスの教えを受け入れて悔い改め、御国の

生活を始めます。

衝撃的な結論は、宗教指導者たちは、事実もう1人の息子のように振舞っているというものです。彼らは外面上は宗教的に見えますが、神の御旨を行っていません。彼らは神のメッセージを拒絶しているのです。彼らは洗礼者ヨハネを拒絶し、今や彼ら自身のメシアを拒絶しているのです。

 ## MEDITATIO …黙想する

このたとえ話は、私たちと神との関係について確認するための機会を与えてくれています。もし私たちが最初に「はい」と言ったとしても、私たちは神に従い続けているのでしょうか。単に神に仕えているという外見をつくろっているだけで、本当は自分たちのしたいようにしてはいないでしょうか。

あなたの人生のこの時に、神はあなたにどのように仕えて欲しいのかよく考えてみましょう。神の呼びかけにあなたはどのように応えていますか。

神の恵みと他者に対する私たちの態度についての今日のたとえ話から、私たちは何を学ぶことができるでしょうか。

 ## ORATIO …祈る

あなた自身の言葉で神に応えてみましょう。詩編25編5、9〜10節から次の御言葉が祈りの助けになるかも知れません。

「あなたのまことにわたしを導いてください。
教えて下さい
あなたはわたしを救って下さる神。
絶えることなくあなたに望みをおいています。」（5節）
「裁きをして貧しい人を導き
主の道を貧しい人に教えてくださいます。
その契約と定めを守る人にとって
主の道はすべて、慈しみとまこと。」（9、10節）

 ## CONTEMPLATIO …観想する

フィリピ2章1〜11節を読んでみましょう。5〜11節のイエスの謙遜と偉大さの素晴らしい記述について黙想してみましょう。そしてパウロの次の忠告に応えてみましょう。

「何事も利己心や虚栄心からするのではなく、へりくだって、互いに相手を自分よりも優れた者と考え、めいめい自分のことだけでなく、他人のことにも注意を払いなさい。」（3、4節）

ふさわしい実

マタイによる福音書21章33〜43節

³³「もう一つのたとえを聞きなさい。ある家の主人がぶどう園を作り、垣を巡らし、その中に搾り場を掘り、見張りのやぐらを立て、これを農夫たちに貸して旅に出た。³⁴ さて、収穫の時が近づいたとき、収穫を受け取るために、僕たちを農夫たちのところへ送った。³⁵ だが、農夫たちはこの僕たちを捕まえ、一人を袋だたきにし、一人を殺し、一人を石で打ち殺した。³⁶ また、他の僕たちを前よりも多く送ったが、農夫たちは同じ目に遭わせた。³⁷ そこで最後に、『わたしの息子なら敬ってくれるだろう』と言って、主人は自分の息子を送った。³⁸ 農夫たちは、その息子を見て話し合った。『これは跡取りだ。さあ、殺して、彼の相続財産を我々のものにしよう。』³⁹ そして、息子を捕まえ、ぶどう園の外にほうり出して殺してしまった。⁴⁰ さて、ぶどう園の主人が帰って来たら、この農夫たちをどうするだろうか。」⁴¹ 彼らは言った。「その悪人どもをひどい目に遭わせて殺し、ぶどう園は、季節ごとに収穫を納めるほかの農夫たちに貸すにちがいない。」⁴² イエスは言われた。「聖書にこう書いてあるのを、まだ読んだことがないのか。

『家を建てる者の捨てた石、

これが隅の親石となった。

これは、主がなさったことで、

わたしたちの目には不思議に見える。』

⁴³ だから、言っておくが、神の国はあなたたちから取り上げられ、それにふさわしい実を結ぶ民族に与えられる。」

他の朗読：イザヤ 5:1〜7　詩編 80:9, 12〜16, 19, 20　フィリピ 4:6〜9

 LECTIO …読む

　私たちはイエスのエルサレムへの入城と十字架の間の箇所を読んでいます。イエスは神殿で教えている間にこのたとえ話を語ります。

　神の民であるイスラエルがぶどう園であるというたとえは、イエスの教えを聴いている人々には身近なものだったでしょう。イザヤ 5 章 1〜7 節からの今日の朗読との類似点は特に魅力的です。神は愛情を込めてぶどう園に種を植え、実を結ぶことを期待しますが、できたのは酸っぱいぶどうです。イザヤは、人々が悔い改めて神のところに

戻るように、さもないと審判に直面するということを警告するために神に遣わされた多くの預言者たちの1人です。

　イエスはこのたとえ話の意味をより明確にさせ、そしていくつかの非常に意味深い追加をします。

　ぶどう園は農夫たちの管理に任されます。収穫の時がやってくると、主人は自分の取り分を受け取るために自分の僕を送ります。農夫たちはその僕たちを無視し、何人かを袋叩きにし、何人かを殺します。農夫たちは主人の息子も殺します。そうすればぶどう園が自分たちのものだと言い張れると考えたのです。

　このたとえ話の意味を明らかにする前に、主人は農夫たちに何をすべきか、とイエスは人々に尋ねます。彼らは彼ら自身に関する審判を下しているということに気がつかないで、「ほかの農夫たちに貸すにちがいない。」と返事します（41節）。

　人々にその農夫たちの行いに対して激怒させた上で、イエスは驚くようなことを明らかにします。それは、彼らこそその農夫たちだということです（43節）。彼らは自身で下した判決を受けるでしょう。ぶどう園（神の国）は「ふさわしい実を結ぶ民」に与えられるでしょう。

　イエスが行う最も意味深い追加は、ご自身を主人の息子であるとしていることです。イエスは詩編118編から引用することにより、非常に遠まわしにそれを述べています。これはユダヤの指導者たちが悔い改めるもう1つのチャンスでしたが、彼らは拒否し、イエスは殺されるべきと主張することによって、文字通りこのたとえ話を実現しようとするのです。

 # MEDITATIO …黙想する

　今日のたとえ話はユダヤの指導者たちへの警告として語られましたが、今日私たちは、自分たちの生活のためにこの箇所からどんな教訓を学ぶことができますか。

　詩編118編22、23節の意味深さをよく考えてみましょう。イエスを拒絶する中で、ユダヤの指導者たちは彼らの最も重要な預言者を拒絶しました。彼らは神の子、メシア、そして救い主を拒絶したのです。私たちは生活の中でイエスの権威を拒絶する危険があるでしょうか。

　イエスがご自身に従う人々に今日期待する「ふさわしい実」とは何でしょうか。

　神がご自分の民から期待する行いについて、イザヤ5章7節から私たちは何を学ぶことできるでしょうか。

 # ORATIO …祈る

　祈りの中で、神に応えてみましょう。神のために多くの実を結ぶ生活をどのように生きることができるか示してくれるように、神に願いましょう。

CONTEMPLATIO …観想する

　全ての石の中で一番大切な、隅の親石であるイエスについて黙想してみましょう。イエスはあなたの生活の隅の親石ですか。イエスは一番敬意を受けるところに置かれていますか。

婚宴への招待

マタイによる福音書22章1～14節

　¹イエスは、また、たとえを用いて語られた。²「天の国は、ある王が王子のために婚宴を催したのに似ている。³王は家来たちを送り、婚宴に招いておいた人々を呼ばせたが、来ようとしなかった。⁴そこでまた、次のように言って、別の家来たちを使いに出した。『招いておいた人々にこう言いなさい。「食事の用意が整いました。牛や肥えた家畜を屠って、すっかり用意ができています。さあ、婚宴においでください。」』⁵しかし、人々はそれを無視し、一人は畑に、一人は商売に出かけ、⁶また、他の人々は王の家来たちを捕まえて乱暴し、殺してしまった。⁷そこで、王は怒り、軍隊を送って、この人殺しどもを滅ぼし、その町を焼き払った。⁸そして、家来たちに言った。『婚宴の用意はできているが、招いておいた人々は、ふさわしくなかった。⁹だから、町の大通りに出て、見かけた者はだれでも婚宴に連れて来なさい。』¹⁰そこで、家来たちは通りに出て行き、見かけた人は善人も悪人も皆集めて来たので、婚宴は客でいっぱいになった。¹¹王が客を見ようと入って来ると、婚礼の礼服を着ていない者が一人いた。¹²王は、『友よ、どうして礼服を着ないでここに入って来たのか』と言った。この者が黙っていると、¹³王は側近の者たちに言った。『この男の手足を縛って、外の暗闇にほうり出せ。そこで泣きわめいて歯ぎしりするだろう。』¹⁴招かれる人は多いが、選ばれる人は少ない。」

他の朗読：イザヤ 25:6～10　詩編 23　フィリピ 4:12～14, 19, 20

 LECTIO …読む

　イエスの聴衆たちは、前週の悪い農夫たちのたとえ話によって打ちのめされたと感じていても不思議はありません。しかしイエスはこの話題を続けます。天の国はどのようなものであるかを説明するために今日のたとえ話をします。

　ある王が王子のために婚宴を準備しています。王は婚宴に招いておいた人々に、全て用意ができていると告げるために家来たちを送りますが、招待客たちは興味を示しません。彼らは王の家来たちを虐待することによってさらに侮辱を加え、何人かを殺しさえします。王はその町を焼き払うことによって応じます。これはおそらく紀元70年のエルサレムの破壊にさりげなく言及しています。

　王はその後家来たちに、町の通りから「善人も悪人も皆」招待するように指示します。

王は客を見ようとやってきて、婚礼の礼服を着ていない男を見つけると、宴から放り出します。イエスは「招かれる人は多いが、選ばれる人は少ない」と言って話を締めくくります。

　イエスは、このたとえ話の解釈を示してはいませんが、明らかに王は神で、王子はイエスです。ユダヤ教の指導者たちやユダヤ人たちは招待リストの最初にあった人々です。王の家来たちの扱われ方は神の預言者の取り扱いを反映しており、前のたとえ話の中での農夫たちの行動を繰り返しています。王の招待は、その後広く開放されます。宗教上の支配階級の人々によって「罪人」と考えられた人々がイエスの弟子になる例が聖書にはたくさん出てきます。そして今や、ユダヤ人と同じように異邦人も宴に招かれているのです。

　婚礼の礼服を着ていない男を私たちはどのように考えるべきでしょうか。「善人も悪人も皆」招待されますが、神は私たちには、この男のようであって欲しくないと思っています。神の聖性を受けてこそ、私たちは神の御前にいることができるのです。もし私たちが神の招きを拒むならば、私たちは神の審判に直面し、御前から締め出されることになります。私たちは招かれているのです。私たちが、その招きに応えるとき、神の御前にいることが出来るのです。

 # MEDITATIO …黙想する

　イエスの招きに対するあなたの返答は何ですか。喜んで受け入れようとしていますか。それとも忙しすぎますか。

　自分たちは信心深いと思っていた人々を含めて、イエスの時代の多くの人々は、実際には霊的には盲目で耳も聞こえていませんでした。彼らは神がイエスの中で働いているのが見えませんでした。私たちはどのようにして霊的に油断しないでいられるでしょうか。

　私たちが身につけるようイエスが期待している「婚礼の衣装」とは何でしょうか。

　イエスはなぜこのたとえ話のために婚宴のイメージを用いたのだと思いますか。

 # ORATIO …祈る

　詩編23編を今日のあなたの祈りの土台として使ってみましょう。

 # CONTEMPLATIO …観想する

　イザヤ25章6〜10節の中でイザヤが描く、見事な救いの描写について黙想してみましょう。

神に返す

マタイによる福音書22章15～21節

¹⁵ それから、ファリサイ派の人々は出て行って、どのようにしてイエスの言葉じりをとらえて、罠(わな)にかけようかと相談した。¹⁶ そして、その弟子たちをヘロデ派の人々と一緒にイエスのところに遣わして尋ねさせた。「先生、わたしたちは、あなたが真実な方で、真理に基づいて神の道を教え、だれをもはばからない方であることを知っています。人々を分け隔てなさらないからです。¹⁷ ところで、どうお思いでしょうか、お教えください。皇帝に税金を納めるのは、律法(りっぽう)に適っているでしょうか、適っていないでしょうか。」¹⁸ イエスは彼らの悪意に気づいて言われた。「偽善者たち、なぜ、わたしを試そうとするのか。¹⁹ 税金に納めるお金を見せなさい。」彼らがデナリオン銀貨を持って来ると、²⁰ イエスは、「これは、だれの肖像と銘か」と言われた。²¹ 彼らは、「皇帝のものです」と言った。すると、イエスは言われた。「では、皇帝のものは皇帝に、神のものは神に返しなさい。」²² 彼らはこれを聞いて驚き、イエスをその場に残して立ち去った。

他の朗読：イザヤ 45:1, 4～6　詩編 96:1, 3～5, 7～10　Ⅰテサロニケ 1:1～5

 LECTIO…読む

　ファリサイ派の人々は既に農夫たちと婚宴のたとえ話の中でイエスに非難されています。今日の朗読箇所は、イエスと宗教指導者たちとの間の4つの論争の最初です。

　ファリサイ派の人々は、どうしたらイエスを罠に掛けられるかについて、長い間真剣に考えていました。そして「ローマ皇帝に税を払うのは律法に反しているかどうか」という完璧な質問を思いついたのです。

　これは当時もっとも話題になっていた問題の1つでした。ローマ人が侵略し、彼らの国を占領し、そして今や権利と称してユダヤ人に税をかけています。ローマ人に税を払うことは、敗北と従属のしるしであり、そして激しい憤慨の源でした。その税を払うのに使わなければならないその硬貨は、もう1つの侮辱でした。ユダヤ人には彼らの硬貨の上に肖像を刻むことを許されていませんでしたが、カエサルはローマの硬貨の上に自分の肖像を刻みつけていました。それにはまた「神聖アウグストゥスの息子」という銘が刻まれていました。このことは、神だけが神聖であるとしている信心深いユダヤ人には、誰にとっても侮辱だったことでしょう。

　これはイエスには「勝ち目がない」状況のように見えます。神の新しい御国の到来

を告げるのが誰であっても、確かにこのような不当な税を後押しするようなことは受け入れられなかったのです。もしその税を支持するならばイエスは追いつめられ、彼の弟子たち全てはイエスを裏切り者として見捨てるでしょうし、彼らの希望も萎えてしまうでしょう。一方、もしその税に反対ならば、ローマ人に反抗するように公に人々を扇動していることになり、他の革命家のような運命、即ち十字架に掛けられるという運命をたどることになるでしょう。

　イエスは罠に十分気がついています。答えを知っていながら、硬貨の上には誰の顔と名前があるかを彼らに尋ねます。それから、彼らにローマ人に訴えるための十分な証拠を与えず、弟子たちにもイエスを見捨てさせない見事な答え、すなわち「皇帝のものは皇帝に、神のものは神に返しなさい」という返事が続くのです。

　私たちはこの箇所について、話全体を考慮して解釈しなくてはなりません。イエスの答えは、神と政治の権威者との間の関係を広く捉えた発言として意図されているのではありません。イエスは対決を恐れているわけでもありません。イエスは、自分が死に向かって歩いていることを十分に分かっています。そしてその死はイエスの条件の下にやってくるのです。イエスは最終的には神の国が皇帝の王国を打ち破るであろうということを知っていますが、それは死そのものという偉大な帝国を打ち破るもっと根源的なレベルにおいてなのです。

 # MEDITATIO …黙想する

　この箇所からイエスについて私たちは何を学びますか。

　ファリサイ派の人々の「わたしたちは、あなたが真実な方で、真理に基づいて神の道を教え、だれをもはばからない方であることを知っています。」（16節）という言葉の皮肉さと不誠実さについてよく考えてみましょう。

　あなたは他人があなたのことをどのように思っているかについて心配ですか。あなたは社会的地位によって人々との接し方を変えていないでしょうか。

 # ORATIO …祈る

　詩編96編を何回も読んでみましょう。そしてその言葉に励まされましょう。神へ礼拝と賛美をささげましょう。

 # CONTEMPLATIO …観想する

　イエスの「神のものは神に返しなさい」という言葉をよく考えてみましょう。何が神のものですか。あなたが神にささげるべき全てをささげているかどうかをよく考えてみましょう。聖霊の語りかけを願いましょう。

愛

マタイによる福音書22章34～40節

³⁴ ファリサイ派の人々は、イエスがサドカイ派の人々を言い込められたと聞いて、一緒に集まった。³⁵ そのうちの一人、律法（りっぽう）の専門家が、イエスを試そうとして尋ねた。³⁶ 「先生、律法の中で、どの掟（おきて）が最も重要でしょうか。」³⁷ イエスは言われた。「『心を尽くし、精神を尽くし、思いを尽くして、あなたの神である主（しゅ）を愛しなさい。』³⁸ これが最も重要な第一の掟である。³⁹ 第二も、これと同じように重要である。『隣人を自分のように愛しなさい。』⁴⁰ 律法全体と預言者（よげんしゃ）は、この二つの掟に基づいている。」

他の朗読：出エジプト 22:20～26　詩編 18:2～4, 47, 51　Ⅰテサロニケ 1:5～10

LECTIO …読む

　マタイによる福音書の記述の中で、本日の箇所は宗教指導者たちとの3番目の論争です。先週私たちはどのようにローマへ税を払うかという問題で、ファリサイ派の人々がイエスに徹底的に裏をかかれたことを学びました。今日の箇所の直前では、サドカイ派の人々が体の復活のことで思い違いを正されました。そこで今日の箇所の中でファリサイ派の人々は、公衆の面前でイエスの教えを傷つけようと試みます。

　多くのユダヤの教師たちは、モーセの律法の613にのぼる掟のどれが一番大切であるかを討論しました。彼らがこの質問でイエスを罠にかけようとしたのは明らかです。おそらく彼らはイエスがモーセの律法を完全に退けるかもしれない、あるいは彼らがあざけることができる答えをするかもしれないと期待しています。この期に及んでも、彼らはあまり分かっていないのです。

　イエスは最初の答えで、申命記6章5節「あなたは心を尽くし、魂を尽くし、力を尽くして、あなたの神、主を愛しなさい。」を引用しました。これは大抵のファリサイ派の人々によって受け入れられたことでしょう。これはユダヤ人の信仰の礎、即ち「聞け、イスラエル」で始まる毎日の祈りであり、唯一で真の生ける神への忠誠の証でした。

　イエスはそれから、これをレビ記19章18節「自分自身を愛するように隣人を愛しなさい」に結びつけます。すなわち愛が一番大切な掟の中心なのです。最初に神への愛、そしてそれが周りの人々との私たちとの関係へと溢れていきます。両者は手に手を取って生きていくのです。ヨハネは第一の手紙の中で極めて直接的にそのことを述べています。「『神を愛している』と言いながら兄弟を憎む者がいれば、それは偽り者です。目に見える兄弟を愛さない者は、目に見えない神を愛することができません。」

（Ⅰヨハネ4章20節）

　今日の朗読の背景はぜひ覚えておくべきです。イエスは死の前の最後の数日を生きています。マタイは、イエスが十字架を受けることで、神の御旨に従うことを通して神を愛し、そして私たちが神との交わりを取り戻せるよう御父から離れることによって兄弟姉妹を愛するようにというイエスの要求を私たちに知って欲しいのです。

　最後に、山上の説教に思いを戻すならば、イエスの新しい国の生き方は、聖霊の助けによって新しい生活へ招かれ、約束されるものであって、私たち自身の力で掟に従う努力を超えるものです。イエスの御国の生き方を十分に掴み取り、それを受け入れる人々は真に祝福されるでしょう。

 # MEDITATIO …黙想する

　イエスが地上の生活の中で、私たちに示されたこれらの掟を満たした例について考えてみましょう。

　マルコは12章28〜34節の中で同じような出会いを述べています。そこでは、質問は純粋に尋ねられています。そしてその律法学者がこれらの掟に従うことは、当時礼拝の中心的特徴であった動物のいけにえを差し出すよりも重要であるとの結論を引き出しています。私たちは宗教上の慣行を守ることについてより多く考え、神が私たちに一番望まれていることをないがしろにしてしまう罠に陥ることがないでしょうか。

　出エジプト22章20〜26節を読んでみましょう。これらの箇所は私たちの隣人を愛するいくつかの現実的な例を示しています。あなたの周りの人々に神の愛を示さなければならない機会について考えてみましょう。

 # ORATIO …祈る

　へりくだって神の前に行きましょう。あなたの全ての心と魂と思いで神を愛することができるよう、聖霊に助けを願いましょう。聖霊に、もっと深い方法であなたに神を現し、あなたが忘れてしまっていることを思い出させてくれるように願いましょう。神にご自身の愛をあなたに与えていただきましょう。

　準備ができていると感じたら、あなたの隣人を愛することについてあなたに語りかけてくださるように神に願いましょう。

 # CONTEMPLATIO …観想する

　神の本性を思い出すことは神への私たちの愛を新しくするよい方法です。時間を取って、今週は詩編18編を全部読んでみましょう。

へりくだりなさい

マタイによる福音書23章1〜12節

     ^{1}それから、イエスは群衆と弟子たちにお話しになった。^{2}「律法学者たちやファリサイ派の人々は、モーセの座に着いている。^{3}だから、彼らが言うことは、すべて行い、また守りなさい。しかし、彼らの行いは、見倣ってはならない。言うだけで、実行しないからである。^{4}彼らは背負いきれない重荷をまとめ、人の肩に載せるが、自分ではそれを動かすために、指一本貸そうともしない。^{5}そのすることは、すべて人に見せるためである。聖句の入った小箱を大きくしたり、衣服の房を長くしたりする。^{6}宴会では上座、会堂では上席に座ることを好み、^{7}また、広場で挨拶されたり、『先生』と呼ばれたりすることを好む。^{8}だが、あなたがたは『先生』と呼ばれてはならない。あなたがたの師は一人だけで、あとは皆兄弟なのだ。^{9}また、地上の者を『父』と呼んではならない。あなたがたの父は天の父おひとりだけだ。^{10}『教師』と呼ばれてもいけない。あなたがたの教師はキリスト一人だけである。^{11}あなたがたのうちでいちばん偉い人は、仕える者になりなさい。^{12}だれでも高ぶる者は低くされ、へりくだる者は高められる。」

他の朗読：マラキ 1:14〜2:2, 8〜10　詩編 131　Ⅰテサロニケ 2:7〜9, 13

 # LECTIO …読む

     マタイはマルコの後に福音書を書きました。そして実際にマルコの資料を全て含んでいます。しかし、彼は追加の資料もたくさん有しています。マタイによる福音書は5つの主な枠で編集されています。最初は5章から7章の山上の説教です。弟子たちに権限を与える10章、御国のたとえ話の13章、新しい御国の共同体として生きることについての教えの18章、最後の部分はキリストの再臨と最後の審判に期待を寄せる24〜25章で、今日の朗読はその最後の部分の直前になります。

     この教えの多くの部分は、イエスのイスラエルの宗教指導者たちへの公然とした非難を含んでいます。彼らは本当にモーセの律法の専門家でしたが、教えることを実行してはいませんでした。このことがイエスを激怒させるのです。なぜならば彼らは人々に重い背負を負わせながら、彼ら自身指一本動かそうともせず（4節）、また彼ら自身でこの荷を負おうとしないのです。このことは軽い荷と負いやすいくびきを提供する（マタイ11章30節）イエスと直接対比されます。

　この箇所の前後で私たちは、指導者たちの罪は律法の真に重要な教え、即ち最も重要な掟（マタイ22章37〜39節）と正義、慈悲そして誠実の教え（マタイ23章23節）を無視しているという事実によっていっそう重くなっていることを学ぶことができます。

　ですから、イエスは人々に律法は守りなさいと指示する一方で、宗教指導者の行いは見倣わないように警告しています。神と人々に仕えるのではなく指導者たちは利己的になってしまっていました。誇り高く、自分たちの存在意義と社会の地位を守ることにすっかり心を奪われていたのです。

　仕えることと謙遜さは、イエスが弟子たちの足を洗うときに示されたように（ヨハネ13章）、イエスの御国の共同体のための模範です。キリスト者として、私たちはイエスを私たちの指導者、メシアとして頼りにすべきです。そして、神を私たちの天の御父として頼りにすべきです。神の国の中での偉大さは謙遜な奉仕に見出されることになっています。

 # MEDITATIO …黙想する

　もしあなたが教会共同体の中で指導者でないなら、この箇所はあなたには当てはまらないと考えてしまいがちかもしれません。しかしこの箇所は「普通の」キリスト者たちの態度と行動様式についても大いに関係があるのです。

　僕のへりくだった態度をあなたはどうやって育むことができますか。

　イエスは彼の教会のためにどのような指導者たちを期待していますか。

 # ORATIO …祈る

　教会の指導者たちは、神の民の霊的な監督をするために、神の前で重い責任を負っています。あなたの指導者たちのために祈りましょう。彼らを守り必要なものを備えてくださるように神に頼みましょう。

　あなた自身の生活の中で、「誇り」について対処するのを助けてくれるように神に願いましょう。

 # CONTEMPLATIO …観想する

　詩編131編をよく考えてみましょう。
「主よ、わたしの心は驕っていません。
わたしの目は高くを見ていません。
大き過ぎることを／わたしの及ばぬ驚くべきことを、追い求めません。
わたしは魂を沈黙させます。
わたしの魂を、幼子のように／母の胸にいる幼子のようにします。
イスラエルよ、主を待ち望め。今も、そしてとこしえに。」

賢くありなさい

マタイによる福音書25章1〜13節

¹「そこで、天の国は次のようにたとえられる。十人のおとめがそれぞれともし火を持って、花婿を迎えに出て行く。²そのうちの五人は愚かで、五人は賢かった。³愚かなおとめたちは、ともし火は持っていたが、油の用意をしていなかった。⁴賢いおとめたちは、それぞれのともし火と一緒に、壺に油を入れて持っていた。⁵ところが、花婿の来るのが遅れたので、皆眠気がさして眠り込んでしまった。⁶真夜中に『花婿だ。迎えに出なさい』と叫ぶ声がした。⁷そこで、おとめたちは皆起きて、それぞれのともし火を整えた。⁸愚かなおとめたちは、賢いおとめたちに言った。『油を分けてください。わたしたちのともし火は消えそうです。』⁹賢いおとめたちは答えた。『分けてあげるほどはありません。それより、店に行って、自分の分を買って来なさい。』¹⁰愚かなおとめたちが買いに行っている間に、花婿が到着して、用意のできている五人は、花婿と一緒に婚宴の席に入り、戸が閉められた。¹¹その後で、ほかのおとめたちも来て、『御主人様、御主人様、開けてください』と言った。¹²しかし主人は、『はっきり言っておく。わたしはお前たちを知らない』と答えた。¹³だから、目を覚ましていなさい。あなたがたは、その日、その時を知らないのだから。」

他の朗読：知恵 6:12〜16　詩編 63:2〜8　Ⅰテサロニケ 4:13〜18

LECTIO…読む

　この箇所は 24、25 章の中のイエスの「終末の教え」の一部です。これは、最後の審判のために人の子がやってくることについて 3 つのたとえ話の最初のものです。この後 2 週にわたって他の 2 つを見ていきます。

　イエスは多分このたとえ話を 2 つの段階で理解して欲しいと意図したと思われます。即ちイエスが初めにこの世にやって来たことと、再臨の両方に言及しているのです。

　このたとえ話の中で注目すべきことの 1 つは、イエスが賢さと愚かさを対比させるユダヤ人の伝統によって強い描写をしていることです。箴言の作者はこれらの特質を、大きな声で男に呼びかけ、彼らにそれぞれの生き方を申し出る 2 人の女として擬人化しています。このたとえ話の中では、5 人の賢いおとめたちは先のことを考えて花婿のために用意ができています。彼女らは、5 人の愚かなおとめたちと対比されています。

彼女らは、その時が来たときに、まだ準備ができていません。

　イエスは、常に注意深くイエスの再臨のために準備をしていることの重要さを強調するためこのたとえ話を用いています。前の章では（マタイ24章36〜44節）、私たちに思いがけないことのために準備をしておくように教えています。イエスは必ず戻ってきます。わたしたちはそのことについて確信を持つべきです。しかし、それがいつなのかは誰も知りません。イエス自身さえ知らないのです。父なる神はその正確な時を知っています。そのとき地上に住んでいる人々にとっては、「人の子は思いがけない時に来る」ことでしょう（44節）。

　このたとえ話は、イエスの仲間のユダヤ人に直接話しかけようとする意図があります。

　イエスのエルサレムへの凱旋的な入城以来話題の中心は（マタイ21章1〜11節）、イエスがイスラエルに約束されたメシアであるかどうかでした。マタイによる福音書の別のところで（マタイ9章15節）イエスはご自身を花婿として言い表しており、前のたとえ話（マタイ22章1〜14節）の中では、息子のために王が準備した婚宴に来ることを拒んだ客たちについて話しています。何世紀もの間、イスラエルの人々はメシアを待ち望んでいました。彼らは招かれた客です。時が来て、そしてメシアが彼らの間に住んでいる時に、ある人々は用意ができており、またある人々は、愚かなおとめたちのように、用意できていませんでした。

MEDITATIO …黙想する

　マタイ7章24〜27節の中で、イエスは家を建てようとする2人の人を対比しています。賢く家を建てる人は岩の上に建て、愚かに家を建てる人は砂の上に建てます。1人はイエスの教えを聞き、それに従いました。もう1人はイエスの教えは聞きましたが、それに従いませんでした。このことは、今日私たちが見ているたとえ話の理解をどのように助けますか。

　あなたは、イエスのことを審判者として戻ってくるであろうメシアとして認識しているでしょうか。

　あなたはイエスに従う者としてあなたの生活を生きていますか。あなたの生き方はあなたが信じると言っていることに合致しているでしょうか。

ORATIO …祈る

　Ⅰテサロニケ4章13〜18節の中でパウロは、イエスの内に私たちが持っている救いの希望を思い出させてくれます。イエスの死と復活を通して、私たちは赦され、神と和解できたことに感謝をささげましょう。聖霊に毎日イエスに従ってあなたが生きるのを助けてくれるように願いましょう。

CONTEMPLATIO …観想する

箴言3章5～7節からの次の節を黙想しましょう。
「心を尽くして主に信頼し、自分の分別には頼らず
常に主を覚えてあなたの道を歩け。
そうすれば
主はあなたの道筋をまっすぐにしてくださる。
自分自身を知恵ある者と見るな。
主を畏れ、悪を避けよ。」

賜物を生かす

マタイによる福音書25章14〜19、24〜30節*

¹⁴「天の国はまた次のようにたとえられる。ある人が旅行に出かけるとき、僕_{しもべ}たちを呼んで、自分の財産を預けた。¹⁵それぞれの力に応じて、一人には五タラントン、一人には二タラントン、もう一人には一タラントンを預けて旅に出かけた。早速、¹⁶五タラントン預かった者は出て行き、それで商売をして、ほかに五タラントンをもうけた。¹⁷同じように、二タラントン預かった者も、ほかに二タラントンをもうけた。¹⁸しかし、一タラントン預かった者は、出て行って穴を掘り、主人の金を隠しておいた。¹⁹さて、かなり日がたってから、僕たちの主人が帰って来て、彼らと清算を始めた。」

²⁴「ところで、一タラントン預かった者も進み出て言った。『御主人様、あなたは蒔_まかない所から刈り取り、散らさない所からかき集められる厳しい方だと知っていましたので、²⁵恐ろしくなり、出かけて行って、あなたのタラントンを地の中に隠しておきました。御覧ください。これがあなたのお金です。』²⁶主人は答えた。『怠け者の悪い僕だ。わたしが蒔かない所から刈り取り、散らさない所からかき集めることを知っていたのか。²⁷それなら、わたしの金を銀行に入れておくべきであった。そうしておけば、帰って来たとき、利息付きで返してもらえたのに。²⁸さあ、そのタラントンをこの男から取り上げて、十タラントン持っている者に与えよ。²⁹だれでも持っている人は更に与えられて豊かになるが、持っていない人は持っているものまでも取り上げられる。³⁰この役に立たない僕を外の暗闇_{くらやみ}に追い出せ。そこで泣きわめいて歯ぎしりするだろう。』」

* たとえ話の全容を知るためには 20 〜 23 節も通して読みましょう。

他の朗読：箴言 31:10〜13, 19, 20, 30, 31　詩編 128:1〜5　Ⅰテサロニケ 5:1〜6

 # LECTIO …読む

　おそらく、イエスはある段階で彼の時代の宗教指導者たちに、今日のたとえ話が彼らに向けられたものであると理解されるよう意図していました。彼らは悪い僕のように振舞っていました。神の真実を、世の光とするよりも、むしろ隠したのです（マタイ

5章14～16節）。そして天の国の戸を開けるのではなく閉ざしたのです（マタイ23章13、14節）。

このたとえ話はまた今日の私たちに、神が託した賜物と資質について良い僕であるように教えています。主人が旅に出かけようとしており、それで異なる量のお金を能力に応じて3人の僕たちに託します（15節）。多額のお金が関係していることを認識することが重要です。ここで「タラントン」と訳されているものは、当時1人の労働者の15年分の価値があるお金の1単位でした。

5タラントンと2タラントンのお金で始めた僕たちは2倍の額を主人に返したので祝福されます。しかし主人のお金を隠し、主人がいない間、完全に何もしなかった僕は咎められるのです。

 ## MEDITATIO …黙想する

24節は怠惰な僕が主人に対してどのような態度をとったかについて何を表しているでしょうか。

時間とお金に対する私たちの態度はどのようなものでしょうか。私たちはそれらが自分たちのものと思っているでしょうか、それとも神のものと考えているでしょうか。

あなたは自分自身を、地上における神の国を広めるための賜物と資質を生かす神の僕だと認識しているでしょうか。

能力に応じて異なる金額を主人が僕に与えた事実から私たちは何を学ぶことができるでしょうか。

 ## ORATIO …祈る

今日の詩編は「知恵の詩編」と言われています。それは、神に従って生きることによって、神への礼拝のうちに祝福が見出されるということを教えてくれます。詩編128編からのこれらの節を通して祈りましょう。そしてあなたに神が託された能力のよき僕でいることができるよう、神に助けを願いましょう。

 ## CONTEMPLATIO …観想する

神があなたに託した全ての能力と資質についてよく考えてみましょう。あなたはそれらを隠していますか、それとも神の栄光のために使っていますか。

行いによる信仰

マタイによる福音書25章31 〜 46節

　　³¹「人の子は、栄光に輝いて天使たちを皆従えて来るとき、その栄光の座に着く。³² そして、すべての国の民がその前に集められると、羊飼いが羊と山羊を分けるように、彼らをより分け、³³ 羊を右に、山羊を左に置く。³⁴ そこで、王は右側にいる人たちに言う。『さあ、わたしの父に祝福された人たち、天地創造の時からお前たちのために用意されている国を受け継ぎなさい。³⁵ お前たちは、わたしが飢えていたときに食べさせ、のどが渇いていたときに飲ませ、旅をしていたときに宿を貸し、³⁶ 裸のときに着せ、病気のときに見舞い、牢^{ろう}にいたときに訪ねてくれたからだ。』³⁷ すると、正しい人たちが王に答える。『主^{しゅ}よ、いつわたしたちは、飢えておられるのを見て食べ物を差し上げ、のどが渇いておられるのを見て飲み物を差し上げたでしょうか。³⁸ いつ、旅をしておられるのを見てお宿を貸し、裸でおられるのを見てお着せしたでしょうか。³⁹ いつ、病気をなさったり、牢におられたりするのを見て、お訪ねしたでしょうか。』⁴⁰ そこで、王は答える。『はっきり言っておく。わたしの兄弟であるこの最も小さい者の一人にしたのは、わたしにしてくれたことなのである。』

　　⁴¹ それから、王は左側にいる人たちにも言う。『呪^{のろ}われた者ども、わたしから離れ去り、悪魔とその手下のために用意してある永遠の火に入れ。⁴² お前たちは、わたしが飢えていたときに食べさせず、のどが渇いたときに飲ませず、⁴³ 旅をしていたときに宿を貸さず、裸のときに着せず、病気のとき、牢にいたときに、訪ねてくれなかったからだ。』⁴⁴ すると、彼らも答える。『主よ、いつわたしたちは、あなたが飢えたり、渇いたり、旅をしたり、裸であったり、病気であったり、牢におられたりするのを見て、お世話をしなかったでしょうか。』⁴⁵ そこで、王は答える。『はっきり言っておく。この最も小さい者の一人にしなかったのは、わたしにしてくれなかったことなのである。』⁴⁶ こうして、この者どもは永遠の罰を受け、正しい人たちは永遠の命にあずかるのである。」

他の朗読：エゼキエル 34:11, 12, 15〜17　詩編 23:1〜3, 5〜6　Ｉコリント 15:20〜26, 28

 LECTIO …読む

　今年の典礼暦は、マタイによる福音書の中のイエスの5番目の説教の最後の部分を以て終わろうとしています。厳密な意味ではたとえ話ではありませんが、審判の様子を生き生きと描いています。複雑な箇所ですので、いくつかの点に絞ってポイントを引き出すことにしましょう。

　前に出てくるたとえ話の殆どでは、王は父なる神を表していました。ここではイエス自身が全ての人々を審判するためにやってくる王として表されています。イエスは、宗教指導者たちに拒絶され、はりつけになるであろうことを知っています。再臨の時には、イエスの本当の正体はもはや議論の余地がありません。

　羊と山羊を分ける羊飼いのイメージは、当時のイスラエルの人々にとっては非常に慣れ親しんだものだったことでしょう。羊と山羊は昼の間は一緒に牧草を食べました。しかし夜には、山羊は、羊に比べて頑丈ではないので、温かく保つように分けられました。

　正しい者と正しくない者との分離は、イエスの前の教えの多くを補っています。周りの人々に思いやりの手を差し出すことは、イエスへの信仰の自然な表現です。イエスに従って歩み、そして私たちの隣人を愛しているなら、他人の必要性に無関心でいることはありえないからです。

 # MEDITATIO …黙想する

　エゼキエル34章11〜17節を黙想しましょう。羊飼いたちが羊を気遣う色々な方法の全てをよく考えてみましょう。このことは、神があなたをどのように気遣うかについてあなたに何を語っているでしょうか。

　ヤコブ2章14〜26節は、私たちがこの箇所を理解するためにどのような助けになるでしょうか。

　イエスが私たち全員を裁くためにやってくるという事実に、あなたはどのように反応しますか。

　この箇所は、わたしたちの他人に対する態度について何を言っているのでしょうか。

 # ORATIO …祈る

　王座にあり、天使たちに囲まれた王としてイエスを賛美しましょう。あなたが他人の必要に応えられるよう、神に助けを願いましょう。同様に肉体的にも霊的にも空腹で渇いている人々について、神があなたに語りかけてくれるかも知れません。

 # CONTEMPLATIO …観想する

　イエスが私たちの罪のために代償を払ってくださったおかげで、私たちが神との一致をいただいていることに感謝しましょう。